# Student Activities Manual

# CUADROS
## Introductory Spanish
### Volume 1

**Spaine Long / Carreira / Madrigal Velasco / Swanson**

## Sylvia Madrigal Velasco

## Kristin Swanson

HEINLE
CENGAGE Learning

Australia • Brazil • Japan • Korea • Mexico • Singapore • Spain • United Kingdom • United States

For product information and technology assistance, contact us at
**Cengage Learning Customer & Sales Support, 1-800-354-9706**

For permission to use material from this text or product, submit all requests online at **cengage.com/permissions**
Further permissions questions can be emailed to
**permissionrequest@cengage.com**

ISBN-13: 978-1-133-31161-4

ISBN-10: 1-133-31161-X

**Heinle**
20 Channel Center Street
Boston, MA 02210
USA

Cengage Learning products are represented in Canada by Nelson Education, Ltd.

For your course and learning solutions, visit **www.cengage.com**

Purchase any of our products at your local college store or at our preferred online store **www.cengagebrain.com**

Printed in the United States of America
1 2 3 4 5 6 7 15 14 13 12 11

# Contents

Preface   vi

## Cuaderno de práctica   1

| capítulo preliminar **1** | ¡Bienvenidos a la clase de español! | **3** |

¡Imagínate!   3

| capítulo **1** | ¿Cómo te llamas? | **5** |

¡Imagínate!   5
¡Prepárate!   8
  Identifying people and objects: Nouns and articles   8
  Identifying and describing: Subject pronouns and the present indicative of the verb **ser**   9
  Expressing quantity: **Hay** + nouns   12
  Expressing possession, obligation, and age: **Tener, tener que, tener + años**   13
A leer   16
  Estrategia: Identifying cognates to aid comprehension   16
  Lectura: *InstaCelular: Servicio de celulares rápido y responsable*   16
Autoprueba   18

| capítulo **2** | ¿Qué te gusta hacer? | **23** |

¡Imagínate!   23
¡Prepárate!   26
  Describing what you do or are doing: The present indicative of regular -**ar** verbs   26
  Saying what you and others like to do: **Gustar** + infinitive   28
  Describing yourself and others: Adjective agreement   29
A leer   31
  Estrategia: Using a bilingual dictionary to aid comprehension   31
  Lectura: *¡Subasta ya!*   32
  Autoprueba   34

| capítulo **3** | ¿Qué clases vas a tomar? | **39** |

¡Imagínate!   39
¡Prepárate!   43
  Asking questions: Interrogative words   43
  Talking about daily activities: The present indicative of regular **-er** and **-ir** verbs   45
  Talking about possessions: Simple possessive adjectives   47
  Indicating destination and future plans: The verb **ir**   48
A leer   50
  Estrategia: Using visuals to aid in comprehension   50
  Lectura: *Escuela de Bomba y Plena Rafael Cepeda*   51
Autoprueba   53

**capítulo 4**  ¿Te interesa la tecnología?   **57**

¡Imagínate!   57
¡Prepárate!   60

Expressing likes and dislikes: **Gustar** with nouns and other verbs like **gustar**   60
Describing yourself and others and expressing conditions and locations:
The verb **estar** and the uses of **ser** and **estar**   61
Talking about everyday events: Stem-changing verbs in the present indicative   62
Describing how something is done: Adverbs   64

A leer   65

Estrategia: Using format clues to aid in comprehension   65
Lectura: *www.aconocernos.com*   66

Autoprueba   69


**capítulo 5**  ¿Qué tal la familia?   **75**

¡Imagínate!   75
¡Prepárate!   78

Describing daily activities: Irregular-**yo** verbs in the present indicative, **saber** vs. **conocer**,
and the personal **a**   78
Describing daily activities: Reflexive verbs   80
Describing actions in progress: The present progressive tense   82

A leer   84

Estrategia: Skimming for the main idea   84
Lectura: *Mecatrónica: academias para el futuro*   85

Autoprueba   88

# Manual de laboratorio   93

**capítulo preliminar 1**  ¡Bienvenidos a la clase de español!   **95**

Pronunciación   95
El alfabeto • Los números


**capítulo 1**  ¿Cómo te llamas?   **97**

Pronunciación   97
Las vocales • Las sílabas • Las sílabas acentuadas • Los acentos escritos
Comprensión   100


**capítulo 2**  ¿Qué te gusta hacer?   **103**

Pronunciación   103
Encadenamiento • Entonación • Las preguntas
Comprensión   105

**capítulo 3** ¿Qué clases vas a tomar?　107

Pronunciación　107
　La consonante **r** y la **rr** • El sonido **r** • El sonido **rr** • Comparaciones
Comprensión　108

**capítulo 4** ¿Te interesa la tecnología?　111

Pronunciación　111
　Las consonantes **c, s** y **z** • ¿Es de España o no? • Otra vez
Comprensión　112

**capítulo 5** ¿Qué tal la familia?　115

Pronunciación　115
　Las letras **l** y **ll** • La letra **y**
Comprensión　116

# Manual de video　119

**capítulo 1** ¿Cómo te llamas?　121

A ver: *¿Con quién hablo?*　121
Voces de la comunidad　122

**capítulo 2** ¿Qué te gusta hacer?　123

A ver: *¡Mentiroso!*　123
Voces de la comunidad　124

**capítulo 3** ¿Qué clases vas a tomar?　125

A ver: *Gracias por la entrevista*　125
Voces de la comunidad　126

**capítulo 4** ¿Te interesa la tecnología?　129

A ver: *¿Te gustan los grupos de conversación?*　129
Voces de la comunidad　130

**capítulo 5** ¿Qué tal la familia?　131

A ver: *¡Pelo de bruja!*　131
Voces de la comunidad　132

# Autoprueba Answer Key　133

# Preface

The *Cuadros* **Student Activities Manual (SAM)** is designed to provide extra practice of the content and skills presented in the *Cuadros* Student Text. The SAM comprises three sections: the Workbook (**Cuaderno de práctica**), which focuses on written vocabulary and grammar practice, supplemental reading practice, and reviewing; the Laboratory Manual (**Manual de laboratorio**), which is used with the SAM Audio Program and focuses on pronunciation and listening comprehension; and the Video Manual (**Manual de video**), which focuses on comprehension of the *Cuadros* storyline and **Voces del mundo hispano** video clips.

The Workbook contains the following sections:

- **¡Imagínate!** activities practice the lexical items presented in the Student Text's vocabulary presentations. These exercises start off with simple practice of the new words and move into longer, sentence-length activities.

- **¡Prepárate!** activities are organized by the chapter grammar topics and offer a full cycle of practice for each structure presented in the Student Text. Like the **¡Imagínate!** activities, the **¡Prepárate!** activities move from more controlled through open-ended practice.

- The **A leer** reading sections recycle and reuse the reading strategies presented in the Student Text. Each Workbook **A leer** section is divided into pre-reading, reading, and post-reading practice and takes the textbook chapter's reading strategy and applies it to a new reading. As in the main text, the reading sections guide students through tasks that do not require them to understand every word of the reading passages, and encourage them to focus on getting the main idea and understanding words from context, while applying the chapter's new reading strategy.

- The **Autoprueba** section contains activities that provide a concise review of chapter vocabulary as well as each structure presented in the grammar section of the text. **Autoprueba** answer keys are provided at the back of the SAM so that students may assess their progress at the end of each chapter.

The Laboratory Manual contains the following sections:

- **Pronunciación** sections present a thorough list of pronunciation topics, moving from contrastive consonant pairs, such as **n / ñ, l / ll**, and **r / rr** through strong and weak vowels, diphthongs, and intonation. Students are guided to listen carefully to the sounds of words, letters, and sentences, and then to pronounce them on their own, paying careful attention to areas that are often problematic for non-native speakers.

- **Comprensión** sections provide students with the opportunity to practice their listening comprehension skills. Activities move from shorter listening passages through longer conversations and narratives and include a variety of audio formats such as conversations, telephone messages, monologues, speeches, advertisements, and radio programs. These passages recycle the chapter vocabulary and grammar in a comprehensive way, and the tasks that accompany them progress from simple responses to more complex answers across each chapter.

The Video Manual contains the following sections:

- *Cuadros* **storyline episode (A ver)** activities guide students through each segment to reinforce comprehension as well as chapter grammar and vocabulary.

- **Voces de la comunidad** sections provide extra comprehension practice of material in the authentic **Voces del mundo hispano** interviews with native speakers of Spanish from every country throughout the Hispanic world.

# Cuaderno de práctica

**capítulo preliminar 1** ¡Bienvenidos a la clase de español!

## ¡Imagínate!

**1  Los números.** On the first line, write the numerals for the following series of numbers. On the second line, reorder the sequence so that it progresses from lowest to highest. On the third line, write out the numbers in the new order. Follow the model.

MODELO  treinta y siete, cinco, cuarenta y dos, once, seis, sesenta y tres
37, 5, 42, 11, 6, 63
5, 6, 11, 37, 42, 63
*cinco, seis, once, treinta y siete, cuarenta y dos, sesenta y tres*

1. ochenta y nueve, ochenta y siete, catorce, cuarenta y seis, cuatro, dieciocho

   _____

   _____

   _____

2. veintidós, noventa y tres, nueve, tres, veintitrés, treinta y cuatro

   _____

   _____

   _____

3. cincuenta y cinco, setenta y siete, cincuenta y ocho, sesenta y uno, dieciséis, quince

   _____

   _____

   _____

4. cien, cuarenta y nueve, trece, sesenta y ocho, setenta y seis, doce

   _____

   _____

   _____

**2 ¿Qué es?** Write the following words in the correct category of the chart below.

| | | |
|---|---|---|
| la amiga | la foto | la página |
| el bolígrafo | la hoja de papel | la silla |
| la chica | el instructor | la tiza |
| el compañero de cuarto | la lección | la pizarra interactiva |
| el dibujo | la mochila | el MP3 portátil |
| el estudiante | la niña | el muchacho |

| Personas | Elementos del libro de texto | Cosas *(Things)* |
|---|---|---|
| | | |
| | | |
| | | |
| | | |
| | | |
| | | |

**3 Mandatos comunes.** Complete each of the following classroom orders with a word from the list. Then write the English version of the sentence below.

audio

computadoras

libros electrónicos

páginas

tarea

1. Mándenme la _____ por e-mail.

   _____

2. Estudien las _____ 8 a 20.

   _____

3. Abran los _____.

   _____

4. Escriban en sus _____.

   _____

5. Escuchen el _____.

   _____

# capítulo 1 ¿Cómo te llamas?

## ¡Imagínate!

**1** **Conversaciones lógicas.** Put the following statements in the correct order to form logical conversations.

1. _____ — Ay, ¡qué horror!

   _____ — Buenos días, profesor Vargas. ¿Cómo está Ud.?

   _____ — Fatal. ¡Tengo seis clases hoy!

   _____ — Regular, gracias. ¿Y usted?

   ___1___ — Buenos días, profesora Gallego.

2. _____ — Bastante bien.

   _____ — Bien, gracias. ¿Y tú?

   _____ — Bueno, tengo clase. Tengo que irme.

   ___1___ — Raúl, quiero presentarte a mi amigo Tomás.

   _____ — ¡Hasta luego!

   _____ — ¡Hola, Tomás! ¿Qué tal?

3. _____ — Bueno, ¿puede decirle que lo llamó Cristina?

   _____ — Adiós.

   _____ — Hola, soy Cristina Laredo. ¿Puedo hablar con Santiago?

   _____ — Lo siento. No está.

   _____ — Sí, cómo no. Chau.

   ___1___ — ¿Aló?

**2** **¿Qué tal?** What would you say to these people in the following situations? There may be more than one possible answer.

1. It's ten o'clock in the morning and you run into your dad's best friend at the grocery store.

_____

2. You're leaving a party and you're saying goodbye to your friends.

_____

3. You run into your elderly next door neighbor and you want to know how he's doing.

_____

4. You're talking to a new classmate and you want to know where she lives.

_____

5. You see someone that you haven't seen in a while in the library and you want to know what's new with him.

_____

6. You're late for an appointment and you have to leave your study group.

_____

**3** **Quiero presentarle a…** You are the host at the first meeting of your mystery writers' group. You have to introduce several people to each other. Write out your introductions, making up the names of the people you are introducing.

1. You are talking to someone your own age in the group and you want to introduce him or her to an older person.

_____

2. You are talking to an older person in the group and want to introduce him or her to a high school student.

_____

3. You want to introduce someone your own age to the high school student.

_____

4. You want to introduce the whole group to an older person.

_____

**4** **Situaciones.** You find yourself in a couple of different situations at your college. Write out the conversations you would have in those scenarios.

1. You meet your Spanish professor for the first time. (You already know her name.) You each greet and respond to each other's greetings. She asks your name and you provide it.

TÚ: _____

INSTRUCTORA: _____

TÚ: _____

INSTRUCTORA: _____

TÚ: _____

INSTRUCTORA: _____

TÚ: _____

2. You meet a Spanish-speaking student in one of your classes. (First decide what gender and age that person is.) This person interests you, so, after greeting, you ask for his or her name, phone number, and e-mail address.

TÚ: _____

PERSONA: _____

TÚ: _____

PERSONA: _____

TÚ: _____

PERSONA: _____

TÚ: _____

PERSONA: _____

TÚ: _____

**5** **El cumpleaños.** Write down the names of three friends, when their birthdays are, and what their ages are. Follow the model.

**MODELO** Marta: 13/4; 25 años
*El cumpleaños de Marta es el 13 de abril. Ella tiene veinticinco años.*

1. _____

_____

2. _____

_____

3. _____

_____

**6** **El teléfono.** You're trying to reach your study partner, and his or her roommate answers. Your study partner isn't home; you just want to let him or her know that you called. Write out the phone conversation.

COMPAÑERO(A): _____

TÚ: _____

COMPAÑERO(A): _____

TÚ: _____

COMPAÑERO(A): _____

TÚ: _____

COMPAÑERO(A): _____

TÚ: _____

COMPAÑERO(A): _____

## ¡Prepárate!

### Identifying people and objects: Nouns and articles

**7** **¡Una clase terrible!** Complete the following paragraphs about Luisa and Sergio's day with the correct definite or indefinite articles. Don't worry if you don't know all the words—just try to get the main idea of the passage and focus on the correct use of the articles.

**Luisa:** Hoy tengo clase de geografía. ¡Es 1. _____ clase fatal! ¡ 2. _____ profesora no es muy interesante y no hay mapas en 3. _____ salón de clase! ¡Imagínate! ¡ 4. _____ clase de geografía sin *(without)* mapas! Sí hay 5. _____ globo del mundo, pero no es muy moderno. Es 6. _____ clase terrible.

**Sergio:** ¡Ay, tengo que irme a clase! Es 7. _____ clase de cálculo. ¡Qué horror! No tengo 8. _____ tarea y 9. _____ profesor es muy estricto. Y 10. _____ día 12 tenemos 11. _____ examen muy importante. ¡Tengo que estudiar más!

**8** **Sustantivos difíciles.** Some nouns are not immediately identifiable as masculine or feminine. First write the correct definite article in front of each word from the list. (If you're not sure, use the glossary in the back of your text to double-check.) Then add each word in the correct category in the chart on page 9. **¡OJO!** Some of the words below are plural. Organize them by their singular ending, not by the **s** that makes them plural. Also, some of the words can go in two different places, depending on how you choose to categorize them.

| | | |
|---|---|---|
| _____ artistas | _____ dependientes | _____ manos |
| _____ borrador | _____ día | _____ mapas |
| _____ canción | _____ dilemas | _____ nacionalidad |
| _____ ciudades | _____ dirección | _____ problema |
| _____ clases | _____ estudiante | _____ síntomas |
| _____ apuntes | _____ guitarrista | _____ sistemas |
| _____ colección | _____ idioma | _____ tema |
| _____ dentistas | _____ lecciones | _____ universidades |

| Nouns referring to people | Nouns that don't end in -o or -a | Nouns that end in -o but take a feminine article | Nouns that end in -a but take a masculine article | Nouns that end in -dad | Nouns that end in -ción | Nouns that end in -ma |
|---|---|---|---|---|---|---|
| | | | | | | |
| | | | | | | |
| | | | | | | |
| | | | | | | |
| | | | | | | |
| | | | | | | |

## Identifying and describing: Subject pronouns and the present indicative of the verb *ser*

**9**  **¿A quién se refiere?**  As you have learned, it's not always necessary to use subject pronouns in Spanish, as long as you can tell who is being referred to from the context. Match the following sentences with the correct subject pronoun, based on the context and the form of the verb **ser** being used.

1. Son compañeros de cuarto. _____          a. nosotras

2. Eres estudiante, ¿no es cierto? _____          b. yo

3. Soy Cristina. _____          c. ellos

4. Somos muy buenas amigas. _____          d. nosotros

5. Es el nuevo estudiante de Ecuador. Se llama Carlos. _____          e. él

6. Es hija de la profesora Sánchez. _____          f. tú

7. Somos profesores de biología. _____          g. ella

**10 Hablando por teléfono.** Complete the following telephone conversation with the correct forms of the verb **ser**. Don't worry about the words you don't know. Simply focus throughout on getting the main idea.

— ¡Aló!

— ¡Hola! **1.** _____ Margarita Flores. ¿Puedo hablar con Roberto?

— Yo **2.** _____ Roberto.

— ¿Sí? **3.** Tú _____ el Roberto que **4.** _____ miembro de mi grupo de estudio? ¡Necesito tus apuntes!

— Hmmm… No, yo no **5.** _____ ese Roberto. Yo **6.** _____ profesor, no estudiante!

— Ay, ¡no!

— Hay más personas en tu grupo, ¿verdad? Tienes que llamarlas.

— Sí. Sara y Alberto **7.** _____ buenos estudiantes. Ellos también tienen los apuntes. Y nosotros

**8.** _____ amigos. ¡Muchas gracias por la idea!

**11 ¡Un dilema!** Complete the following statements with the correct forms of the verb **ser**. Then, using the completed sentences as your clues, see if you can solve the logic puzzle to discover who is the mystery genius (**el genio misterioso**).

1. Tú _____ un(a) estudiante en la universidad.

2. Yo _____ una profesora de matemáticas.

3. El genio misterioso _____ estudiante.

4. Ana y Sergio _____ atletas.

5. Elián y yo _____ profesores en la universidad.

6. Natalia _____ la compañera de cuarto del genio misterioso.

7. Sergio _____ el presidente de la universidad.

8. Tú y Ana _____ estudiantes.

9. El genio misterioso _____ atleta.

10. Tú no _____ atleta.

BONUS: ¿Quién es el genio misterioso? _____

**12** **Oraciones personales.** Write complete Spanish sentences about the following people and things. Be sure to use the correct form of the verb **ser**.

**MODELO**   compañero(a) de cuarto
*Mario Domínguez es mi compañero de cuarto.* O:
*Mi compañero de cuarto es estudiante.*

1. mejor amigo(a)

_____

_____

2. profesor(a) de español

_____

_____

3. yo

_____

_____

4. mi compañero(a) de cuarto y yo

_____

_____

5. mis amigos

_____

_____

6. mi dirección electrónica

_____

_____

## Expressing quantity: *Hay* + nouns

**13** **¿Qué hay en el salón de clase?** Look at the drawing below. Write ten sentences saying how many of the following items are in the room and which are not there at all. Follow the models.

© Cengage Learning 2013

**MODELOS**  un mapa
*Hay dos mapas.*
un lápiz
*No hay lápices.*
un elefante
*Hay un elefante.*

**1.** un libro

_____

**2.** una mesa

_____

**3.** una ventana

_____

**4.** un bolígrafo

_____

**5.** una silla

_____

**6.** un tigre

_____

**7.** una computadora

_____

**8.** una pizarra

_____

**9.** un escritorio

_____

**10.** una boa constrictor

_____

**14** **En mi salón de clase.** Now say what is and what isn't found in your own classroom. Use **hay** or **no hay**.

**1.** _____

**2.** _____

**3.** _____

**4.** _____

**5.** _____

**6.** _____

## Expressing possession, obligation, and age: *Tener, tener que, tener + años*

**15** **Una situación complicada.** Complete the following telephone conversation with the correct form of **tener**, according to the context.

— ¿Aló, Martín? Soy Pepa.

— Hola, ¿cómo te va?

— Bien, pero **1.** _____ un problema. **2.** ¿ _____ el teléfono de Adela Martínez?

— Sí, un minuto. Yo lo **3.** _____ aquí. Es el 3-44-46-82.

— Muy bien. ¡Adela **4.** _____ la dirección electrónica de Cici Rodríguez. Yo **5.** _____ que enviarle *(to send her)* mis apuntes a ella!

— ¿Ah, sí? Pero, ¿no **6.** _____ tú la dirección electrónica de Cici?

— Sí, **7.** _____ la previa *(her previous one)* pero, según Marcos, ella **8.** _____ una nueva porque tuvo que cambiar *(she had to change)* su proveedor de Internet. Y yo no **9.** _____ su teléfono para llamarla.

— ¡Qué pena! Oye, **10.** ¡ _____ que irme! Mi compañero y yo **11.** _____ que ir a clase. ¡Hasta pronto!

— ¡Chau!

**16**  **¿Cuántos años tienen?**  Look at the following calendar pages to give each person's correct age and birthday. Follow the model.

MODELO   la señora Montoya
*La señora Montoya tiene [...] años.*
*Es el dos de marzo.*

| 2 |
| marzo |
| 1965 |

**1.** La señora Cisneros

_____

cumpleaños: _____

| 18 |
| abril |
| 1957 |

**2.** Jorge y Magda

_____

cumpleaños: _____

| 19 |
| noviembre |
| 1990 |

**3.** Octavia

_____

cumpleaños: _____

| 20 |
| febrero |
| 1988 |

**4.** Tú

_____

cumpleaños: _____

| 4 |
| septiembre |
| 1972 |

**5.** El señor Novato y yo

_____

cumpleaños: _____

| 14 |
| mayo |
| 1940 |

**6.** Dieguito y Angelita

_____

cumpleaños: _____

| 11 |
| marzo |
| 2002 |

**7.** Yo

_____

cumpleaños: _____

| 22 |
| diciembre |
| 1963 |

**8.** Ustedes

_____

cumpleaños: _____

| 2 |
| agosto |
| 1980 |

**17** **Así soy yo.** Write a paragraph about yourself, providing as much personal information as possible. Use the cues provided to help structure the content of your paragraph.

## ser

- nombre
- identidad: **¿estudiante, mamá de..., papá de..., compañero(a) de cuarto de..., amigo(a) de...?**
- teléfono
- dirección
- dirección electrónica
- cumpleaños

## tener

- años
- número de clases
- computadora
- celular

_____

_____

_____

_____

_____

_____

_____

_____

_____

_____

_____

_____

_____

_____

_____

_____

_____

_____

_____

## A leer

**Estrategia: Identifying cognates to aid comprehension**

###  Antes de leer

**18 Los cognados.** Review the reading strategy on page 34 of your textbook. Then look at the following reading, which compares the advantages and disadvantages of pre- and post-payment cell phone plans. Circle all the cognates you can either identify or guess at their meaning.

### >> Lectura

## InstaCelular: Servicio de celulares rápido y responsable

### Comparación de los planes de prepagos y pospagos para tu celular

**Es difícil seleccionar un plan para mi celular.**
**¿Cuál es el mejor[1] plan para mí?**

Tenemos dos opciones buenas para tu plan personal. Los dos te ofrecen el mismo[2] servicio excelente, calidad en las llamadas y acceso a nuestros productos y promociones.

**Selecciona "Mi Plan Prepago" si...**

... no quieres[3] tener un contrato.

... no necesitas un número específico de minutos cada mes[4].

... no usas muchos minutos en general.

... quieres controlar tu dinero[5] y no pagar una cuenta[6] de la misma cantidad cada mes.

... viajas[7] mucho y es difícil pagar tu cuenta regularmente.

**Selecciona "Mi Plan Pospago" si...**

... usas tu celular con frecuencia y necesitas una gran cantidad de minutos.

... quieres llamar a cualquier[8] hora y día.

... quieres pagar la misma cantidad cada mes.

... quieres la conveniencia de llamar sin preocuparte[9] del dinero.

---

[1]*best* [2]*same* [3]**no...:** *you don't want* [4]*month* [5]*money* [6]**pagar...:** *pay a bill* [7]*you travel* [8]*whatever, any* [9]**sin...:** *without worrying*

**19  La idea principal.**  Now read the passage quickly, focusing on the cognates you circled to help you identify the main benefits of each type of plan. Write a short summary in English of three benefits of each type of plan.

1. Plan de prepago:

_____

_____

_____

2. Plan de pospago:

_____

_____

_____

## >>  Después de leer

**20  ¿Cierto o falso?**  Decide whether the following statements about the reading are **cierto (C)** or **falso (F)**.

_____ 1. La compañía InstaCelular ofrece dos tipos de planes personales.

_____ 2. Los dos planes son planes de prepago.

_____ 3. El plan de prepago es bueno para personas que necesitan muchos minutos.

_____ 4. El plan de pospago es bueno para personas que viajan mucho.

_____ 5. Con el plan de prepago, tienes un contrato.

_____ 6. Con el plan de pospago es posible llamar a cualquier hora o día.

**21  ¿Y tú?**  Check the items that appeal to you the most and then identify which plan you prefer, **prepago** or **pospago**.

_____ tener un contrato                         _____ no tener un contrato

_____ usar un número específico de minutos      _____ no usar un número específico de minutos

_____ hablar mucho                              _____ no hablar mucho

_____ pagar la misma cantidad de dinero          _____ no pagar la misma cantidad de dinero
         cada mes                                            cada mes

_____ llamar a cualquier hora y día              _____ no poder *(to be able to)* llamar a
                                                             cualquier hora y día

Yo prefiero el plan de _____.

## Autoprueba

**>>** **¡Imagínate!**

**22** Match the questions on the left with the correct responses on the right.

_____ 1. ¿Cómo te llamas?

_____ 2. ¿Dónde vives?

_____ 3. ¿Cómo estás?

_____ 4. ¿Cuál es tu número de teléfono?

_____ 5. ¿Cuál es tu dirección electrónica?

_____ 6. ¿Qué hay de nuevo?

a. Bastante bien, gracias.

b. Roberto. ¿Y tú?

c. No mucho.

d. Vivo en el barrio Sellwood.

e. Es el 5-45-43-44.

f. Es mantarey27@centro.edu.

**23** Put the following conversation in the correct order. Then say whether it is formal or informal.

_____ Hola, Susana. Bien, ¿y tú?

_____ Hola, Teresa. Mucho gusto en conocerte.

_____ ¡Hola, Javier! ¿Qué tal?

_____ Bastante bien, gracias. Oye, quiero presentarte a mi amiga Teresa.

_____ Igualmente, Javier. Un placer.

**24** Answer the following questions using complete sentences.

1. ¿Cómo te llamas?

_____

2. ¿Cómo estás hoy?

_____

3. ¿Dónde vives?

_____

4. ¿Cuál es tu número de teléfono?

_____

5. ¿Cuál es tu dirección electrónica?

_____

6. ¿Qué hay de nuevo?

_____

## >> ¡Prepárate!

### Nouns and articles

**25** Write the correct definite and indefinite articles for each noun indicated. Then change everything to the plural form. Follow the model.

MODELO ___una / la___ silla, ___unas / las sillas___

1. _____ mesa, _____
2. _____ libro, _____
3. _____ universidad, _____
4. _____ amiga, _____
5. _____ programa, _____
6. _____ avión, _____
7. _____ costumbre, _____
8. _____ mano, _____
9. _____ persona, _____
10. _____ muchacho, _____
11. _____ día, _____
12. _____ nación, _____

**26** Complete the following sentences with the correct definite or indefinite article. If no article is required, mark **X** in the blank provided.

1. Vivo en _____ calle División, número 1527.
2. Vivo en _____ barrio interesante.
3. Aquí tienes _____ números de teléfono de mi familia.
4. Mi profesora de español es _____ profesora Suárez.
5. Buenos días, _____ profesora Suárez.
6. Mi amiga es _____ dentista.
7. Muchas de _____ avenidas en mi barrio son muy grandes.
8. Yo soy _____ señor Castaneda.

### Subject pronouns, present indicative of *ser*

**27** For each present indicative form of **ser** shown, write the corresponding subject pronoun. Where more than one subject pronoun is possible, write them all.

1. _____ somos
2. _____ eres
3. _____ son
4. _____ soy
5. _____ es

**28** Complete the following sentences with the correct present indicative forms of **ser**.

1. Yo _____ Magdalena.

2. ¿Cuál _____ tu número de teléfono?

3. La clase de economía _____ mañana.

4. Ellos _____ profesores de matemáticas.

5. Ustedes _____ estudiantes, ¿no?

6. Tú _____ una persona interesante.

7. ¿Cuál _____ tu dirección?

8. Nosotros _____ compañeros de cuarto.

**29** What are their professions? Look at the drawing and then write complete the sentences with present indicative forms of **ser**.

**MODELO**   él
             *Él es mecánico.*

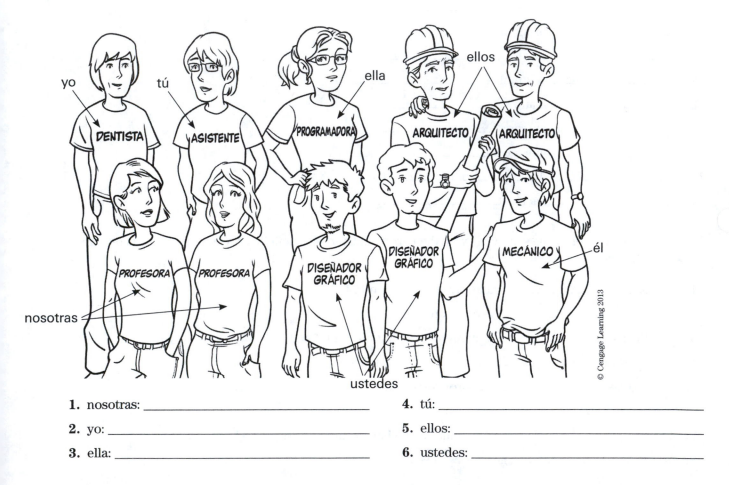

1. nosotras: _____

2. yo: _____

3. ella: _____

4. tú: _____

5. ellos: _____

6. ustedes: _____

## *Hay* + nouns

**30** Write complete sentences with **hay**, using the words provided. Remember that in some cases **hay** is used with an indefinite article and in other cases it is not—pay attention to whether or not you should include the article. Follow the models.

**MODELOS**   papeles importantes en la mesa (sí)
              *Hay unos papeles importantes en la mesa.*
              libros en la mesa (no)
              *No hay libros en la mesa.*

1. computadora en el salón de clase (sí)

_____

2. calculadora en el salón de clase (no)

_____

3. cinco libros (sí)

_____

4. tres chicos en la residencia estudiantil (sí)

_____

5. clases mañana (no)

_____

6. persona en la cafetería (sí)

_____

## Tener, tener que, tener + años

**31** Look at the illustrations and write complete sentences with **tener** to indicate what each person has.

**1.**

Ellos _____ .

**2.**

Ella _____ .

**3.**

Nosotras _____ .

**4.**

Él _____ .

**5.**

Yo _____ .

**6.**

Usted _____ .

**7.**

Tú _____ .

**8.**

Ustedes _____ .

**32** Use forms of **tener** to say how old each person is. Be sure to spell out the numbers.

1. tú (20 años)

_____

2. ellos (47 años)

_____

3. nosotras (18 años)

_____

4. usted (32 años)

_____

5. yo (19 años)

_____

6. ella (54 años)

_____

**33** Write complete sentences with **tener que** to say what each person has to do in class today. Follow the model.

**MODELO**    ella / cerrar la puerta
_Ella tiene que cerrar la puerta._

1. ellos / abrir los libros

_____

2. yo / estudiar el capítulo

_____

3. nosotros / escuchar el audio

_____

4. tú / entregar la tarea

_____

5. usted / escribir en el cuaderno

_____

6. él / leer la lección

_____

# capítulo 2 ¿Qué te gusta hacer?

## ¡Imagínate!

**1** **¿Qué posibilidades hay?** You are putting together a survey of your class's leisure-time activities. Sort the activities indicated into the categories provided.

**Actividades:** visitar a amigos, tocar el piano, levantar pesas, cantar, tomar el sol, hablar por teléfono, pintar, sacar fotos, navegar por Internet, patinar, tomar un refresco

**Arte**

_____

_____

**Música**

_____

_____

**Deportes**

_____

_____

**Computadoras**

_____

_____

**Amigos**

_____

_____

**Descansar**

_____

_____

**2** **Las personalidades.** Based on their likes and dislikes, write a sentence describing each of the following students. In some cases, you can describe them in several ways.

**MODELO**   Amelia: Le gusta estudiar.
   *Amelia es inteligente / seria / trabajadora.*

1. Eric: Le gusta levantar pesas.

   _____

2. Andrés: No le gusta estudiar.

   _____

3. Marta: Le gusta practicar deportes.

   _____

4. Miguel: Le gusta trabajar.

   _____

5. Lidia: No le gusta trabajar.

   _____

6. Olivia: Le gusta hablar por teléfono.

   _____

7. Rodrigo: No le gusta visitar a amigos.

   _____

8. Verónica: Le gusta conversar.

   _____

**3**   **Una foto de la familia.** You are looking through an old family photo album. Describe one physical characteristic of each person in the photo.

**Ramiro y Carmela**   **Pedro y Paula**   **Gilberto y Elena**   **Abuelo Zacarías y Sofía**

**MODELO**   *Paula es alta.*

1. Pedro

    _____

2. Elena

    _____

3. Gilberto

    _____

4. Abuelo Zacarías

    _____

5. Sofía

    _____

6. Carmela

    _____

7. Ramiro

    _____

**4**  **Los amigos.**  Think of or imagine three friends or acquaintances from other countries and write as complete a description as you can for each of them. Include their nationalities and some personality and physical characteristics. Also mention some activities that they like or dislike.

1. _____

    _____

    _____

    _____

2. _____

    _____

    _____

    _____

3. _____

    _____

    _____

    _____

## ¡Prepárate!

**Describing what you do or are doing: The present indicative of regular _-ar_ verbs**

**5** **¿Qué hacen?** Choose from the list of verbs provided to write complete sentences telling what the following people do.

**Verbos:** bailar, cantar, cocinar, estudiar, navegar por Internet, levantar pesas, patinar, pintar, sacar fotos, tocar la guitarra, trabajar, viajar

**1.** los chefs profesionales

_____

**2.** un artista

_____

**3.** una fotógrafa

_____

**4.** los entrenadores _(trainers)_ personales

_____

**5.** una guitarrista

_____

**6.** los turistas

_____

**7.** yo

_____

**8.** mi mejor amigo(a) y yo

_____

**6** **¿Y tú?** Choosing items from both columns, create six sentences to say what you, your friends, and your acquaintances typically do over the weekend.

**Columna 1**

yo

mi mejor amigo(a)

los estudiantes en la clase de español

mi familia y yo

mis padres *(parents)*

el (la) profesor(a) de español

mi compañero(a) de cuarto

**Columna 2**

caminar por el parque

cenar en casa

descansar

escuchar música

estudiar

mirar televisión

navegar por Internet

pintar

practicar deportes

tomar el sol

trabajar

viajar

1. _____

_____

2. _____

_____

3. _____

_____

4. _____

_____

5. _____

_____

6. _____

_____

## Saying what you and others like to do: *Gustar* + infinitive

**7** **¿Qué les gusta hacer?** Complete the following paragraph about the likes and dislikes of a group of students, using the correct indirect object pronoun (**me, te, le, les, nos**).

A nosotros los estudiantes **1.** _____ gusta estudiar, claro, ¡pero no todos los días! Hay mucho

que hacer aquí… A mi amiga Lorena **2.** _____ gusta practicar deportes en el gimnasio. Ella es

muy atlética. A mis compañeros de cuarto, Eduardo y Ricardo, **3.** _____ gusta mirar televisión.

¡Son unos perezosos! ¿Y yo? Bueno, a mí **4.** _____ gusta escuchar música y descansar después

de las clases. A mi amigo Roberto **5.** _____ gusta caminar por el parque. Y a ti, ¿qué

**6.** _____ gusta hacer?

**8** **¿Les gusta?** Use the cues provided to say whether or not the people indicated like to do the activity mentioned. Follow the model, using **(no) le gusta** or **(no) les gusta** as appropriate.

**MODELO**   unas personas tímidas / tocar la guitarra en público
             *No les gusta tocar la guitarra en público.*

1. una persona perezosa / practicar deportes

   _____

2. una persona responsable / trabajar

   _____

3. unas personas creativas / pintar

   _____

4. unas personas egoístas / escuchar las opiniones de otras personas

   _____

5. una persona activa / patinar

   _____

6. unas personas tímidas / cantar en público

   _____

7. unas personas serias / estudiar

   _____

8. una persona activa / mirar televisión todo el día

   _____

## Describing yourself and others: Adjective agreement

**9** **¿De dónde eres?** Say what nationality the following people are. Follow the model.

**MODELO**   Javier / España
*Javier es español.*

1. Rosemary / Inglaterra

_____

2. José Antonio y María Elena / la República Dominicana

_____

3. Marie y Claude / Francia

_____

4. Olivia y Roberto / Argentina

_____

5. Dieter / Alemania

_____

6. Rashmi (*f.*) / India

_____

7. Gloria y Ana / Guatemala

_____

8. tú / ¿…?

_____

**10** **Mis compañeros de cuarto.** Complete the following paragraph with the correct form of the adjectives in parentheses.

¡Tengo cuatro compañeros de cuarto! Vivo en un apartamento muy grande y somos cinco en total. Pero todos

somos muy diferentes el uno del otro. Por ejemplo, yo me llamo Tomás. Soy **1.** _____

(bajo), **2.** _____ (delgado), y, para decir la verdad, ¡un poco **3.** _____ (feo)!

Al contrario, mis amigos José Luis y Santiago son un poco **4.** _____ (gordo) pero muy

**5.** _____ (alto) y **6.** _____ (guapo). Yo tengo el pelo **7.** _____

(rubio) y ellos tienen el pelo **8.** _____ (negro). Teresa, otra compañera de cuarto, es

**9.** _____ (pelirrojo). También ella es muy **10.** _____ (lindo) y

**11.** _____ (pequeño). Y por último, la otra compañera de cuarto, Josefina, es muy

**12.** _____ (extrovertido) y muy, muy **13.** _____ (simpático). Además,

Teresa y Josefina son muy **14.** _____ (trabajador), lo que es bueno, ¡porque los

muchachos somos un poco **15.** _____ (perezoso)!

**11** **¿Cómo son?** Complete the chart with the adjectives that are the opposites of the ones shown. Then use the adjectives in the chart to write statements about yourself and the people indicated.

| cómico | sincero | tímido | impulsivo |
|--------|---------|--------|-----------|
|        |         |        |           |
| responsable | paciente | activo | serio |
|             |          |        |       |

**MODELO**    *Yo soy tímido(a).*
              *Mi mejor amiga es extrovertida.*

1. mi mejor amigo(a)

   _____

   _____

   _____

2. mi compañero(a) de cuarto

   _____

   _____

   _____

3. mis profesores

   _____

   _____

   _____

4. yo

   _____

   _____

   _____

# A leer

**Estrategia: Using a bilingual dictionary to aid comprehension**

>> **Antes de leer**

**12 Palabras clave (Key words).** You are going to read two descriptions of items for sale on an online auction site called ¡Subasta ya! (**Subasta** means *auction* in Spanish.) Before you read the descriptions, look quickly at them and mark the words you don't know and that aren't obvious cognates. (Note that there are two false cognates: **actual** means *current*, and **restante** means *remaining*.) Now look at the words that aren't cognates. Which ones are key to understanding the description? Write down your key words here.

_____

_____

**13 ¿Qué significan?** Focus on your list of key words. Assume that you settle on the following six words as necessary for understanding the two descriptions: **muñeca, vendedor, payaso, blanco y negro, tinta**, and **desconocidos**. Go back to the passage and look at how these words are used. In many cases the format and the photos or other visuals will help you determine meaning.

1. **muñeca:** This is part of the auction title and the object it describes is shown in the photo. Looking at the photo, what do you think it means? _____

2. **vendedor:** There is a profile of this person that potential buyers can read that describes their feedback comments and specializations. Who is the other person in an auction transaction besides the buyer?

   _____

3. **payaso:** The description says the illustration is of a **payaso.** Can you guess what the word means? (You will need to look this word up to confirm your guess.) _____

4. **blanco y negro:** These words are used to describe the illustration. You know that **negro** means *black.* Looking at the photo, what do you think **blanco** might mean? _____

5. **tinta:** The description says the illustration is **tinta negra** on paper. Based on your knowledge of illustrations, what might **tinta** mean? (This is another word you will need to look up for confirmation.)

   _____

6. **desconocidos:** The beginning of the item description refers to an **artista anónimo.** The description also says **no es posible verificar el año exacto.** Now look at how **desconocidos** is used in the description: **El origen y artista son desconocidos.** Can you guess its meaning?_____

Now use a dictionary to look up **payaso** and **tinta** and to check any other guesses you aren't sure of. How close were you to guessing the correct meaning? It may seem time-consuming to approach unknown vocabulary this way, but once you get used to it, you'll find it's much faster than looking up every single word in a dictionary. Save the dictionary as a last resort!

**14 ¡Subasta ya!** Now read the descriptions quickly, using what you have learned about understanding unknown words to help you get the main idea of each one.

## >> Lectura

### ¡Subasta ya!

| Pagar | Mapa del sitio | Ayuda |

| Compra | Regístrate | | Buscar |

Subasta de una muñeca de mujer china con pelo negro y una flauta tradicional. Esta antigüedad linda probablemente data de los 50. Condición excelente. 8" y 14 onzas. Escribe para fotos adicionales.

iStockphoto/Thinkstock

## Resumen de ofertas

Muñeca antigua

Tiempo restante: **4** d **9** h **8** m **42** s     **13** ofertas

oferta actual:     **$78.00** (dólares, EEUU)     Mi oferta

Ubicación: Los Ángeles, CA, Estados Unidos

## Pérfil del vendedor

todoviejo123

Comentarios: 98% positivo

Soy vendedor de antigüedades basado en Los Ángeles. Especializaciones incluyen muñecas, juguetes y fotografías viejas. Soy un profesional responsable y sincero— mira los comentarios de mi pérfil y compra con confianza.

---

Esta ilustración original es de tinta negra en papel, con dimensiones de 10-1/8" x 15". El origen y artista son desconocidos. El estilo dramático y gráfico es típico de los años 60, pero no es posible verificar el año exacto ni ofrecer autenticación.

Elena Akinshina/Shutterstock

## Resumen de ofertas

Ilustración de un payaso en blanco y negro, artista anónimo–¿1960?

Tiempo restante: **3** h **21** m **3** s     **2** ofertas

oferta actual:     **$18.00** (dólares, EEUU)

Ubicación: Chicago, IL, Estados Unidos

## Pérfil del vendedor

arte-por-arte

Comentarios: 99% positivo

Soy especialista profesional en arte norteamericano, con énfasis en las ilustraciones en blanco y negro. Tengo más de 2.000 comentarios positivos y siempre contesto los pocos comentarios negativos que recibo.

## >> Después de leer

**15** **¿Cierto o falso?** Say whether the following statements about the two auction items are true (**C**) or false (**F**). Correct the false statements.

**1.** La muñeca tiene 13 ofertas.

_____

**2.** La muñeca es japonesa.

_____

**3.** La muñeca tiene pelo negro y una guitarra tradicional.

_____

**4.** El vendedor de la muñeca vive en Los Ángeles.

_____

**5.** Hay otras fotos de la muñeca.

_____

**6.** La ilustración del payaso usa colores brillantes.

_____

**7.** La ilustración es de un artista famoso.

_____

**8.** La ilustración tiene un estilo dramático.

_____

**9.** El vendedor es especialista en arte centroamericano.

_____

**10.** El vendedor de la ilustración también vive en Los Ángeles.

_____

**16** **Mi subasta.** Create a brief description for a possession you would like to sell on an online auction site. Use the descriptions on page 32 as a model. Include a description of the item and a seller profile for yourself. Use a bilingual dictionary to look up any words you need to include before you begin to write.

_____

_____

_____

_____

_____

## >> ¡Imagínate!

**17** Complete the sentences by writing the name of the activity that each person likes.

1.

A mí me gusta _____.

2.

A ella le gusta _____.

3.

A él le gusta _____.

4.

A mis amigos les gusta _____.

5.

A ellos les gusta _____.

6.

A ellas les gusta _____.

**18** Read each pair of sentences and decide if the second sentence is **lógico (L)** or **ilógico (I)**.

_____ 1. A mi amiga no le gusta practicar deportes. Ella no es muy activa.

_____ 2. A mi amigo le gusta trabajar y estudiar. Es muy irresponsable.

_____ 3. A mí me gusta hablar por teléfono con mis amigos todo el día. Soy tímida e introvertida.

_____ 4. Mi amiga no es muy alta. Es baja y delgada.

_____ 5. El perro de mi amigo es muy perezoso. No le gusta caminar.

_____ 6. Tengo quince años. Soy viejo.

All art: © Cengage Learning 2013

**19** Choose the sentence that best describes each person or thing pictured.

_____ 1.

a. El perro es gordo, pequeño y lindo.     b. El perro es gordo, grande y lindo.

_____ 2.

a. Martina es alta y tiene el pelo rubio.     b. Martina es baja y tiene el pelo negro.

_____ 3.

a. Lupita es baja y gorda.     b. Lupita es baja y delgada.

_____ 4.

a. Luis es viejo y guapo.     b. Luis es joven y guapo.

## The present indicative of regular -ar verbs

**20** Write complete sentences that say what activities the people indicated do every day. Follow the model.

**MODELO**  Raúl (cantar)
*Raúl canta todos los días.*

1. tú (tocar la guitarra) _____

2. él (descansar) _____

3. ella (mirar televisión) _____

4. yo (comprar un café) _____

5. nosotros (cenar en casa) _____

6. ustedes (preparar la cena) _____

7. ellos (sacar fotos) _____

8. tú y yo (visitar a amigos) _____

9. tú (practicar deportes) _____

10. usted (navegar por Internet) _____

11. yo (pasar por la universidad) _____

12. ellas (regresar a casa) _____

**21** Answer each question in a complete sentence. Follow the models.

**MODELOS**  ¿Qué haces tú hoy *(today)*? (trabajar)
*Yo trabajo hoy.*
¿Qué hacen ustedes hoy? (patinar en el parque)
*Nosotros patinamos en el parque.*

1. ¿Qué haces tú hoy? (tomar un refresco con Adela)

_____

2. ¿Qué hacen ellos hoy? (levantar pesas)

_____

3. ¿Qué hacen ustedes hoy? (tomar el sol)

_____

4. ¿Qué hace ella hoy? (caminar a la universidad)

_____

5. ¿Qué hacen ustedes hoy? (estudiar en la biblioteca)

_____

6. ¿Qué hace usted hoy? (conversar con mis amigos)

_____

## *Gustar* + infinitive

**22** Complete each sentence with the correct pronoun (**me, te, le, nos** or **les**).

1. A mí _____ gusta visitar a mis amigos.

2. A nosotros _____ gusta escuchar música.

3. A ellos _____ gusta cantar y bailar.

4. A ti _____ gusta cocinar.

5. A él _____ gusta mirar televisión.

6. A usted _____ gusta practicar deportes.

7. A ustedes _____ gusta trabajar.

8. A ella _____ gusta tomar el sol.

**23** Write complete sentences with **gustar** + infinitive. Follow the model.

**MODELO**  tú / tocar el piano
*A ti te gusta tocar el piano.*

1. nosotros / pintar

_____

2. tú / alquilar videos

_____

3. yo / navegar por Internet

_____

4. ella / patinar

_____

5. ellos / levantar pesas

_____

6. usted / hablar por teléfono

_____

**24** Choose three activities mentioned on this page that you like to do and three that you don't like to do. Write six complete sentences following the model.

**MODELO**  cocinar
*A mí (no) me gusta cocinar.*

_____

_____

_____

_____

_____

_____

## Adjective agreement

**25** Write each adjective in the space provided, changing it to match the number and gender of the noun.

**1.** la amiga (trabajador) _____

**2.** los profesores (inteligente) _____

**3.** la computadora (viejo) _____

**4.** las películas (cómico) _____

**5.** el chico (pelirrojo) _____

**6.** los lápices (negro) _____

**26** Write complete sentences using adjectives of nationality with present-tense forms of **ser**. Follow the model.

**MODELO**   nosotros / Inglaterra
*Nosotros somos ingleses.*

**1.** yo *(female)* / Alemania

_____

**2.** ellos / Costa Rica

_____

**3.** él / Estados Unidos

_____

**4.** tú *(male)* / España

_____

**5.** ella / Japón

_____

**6.** ustedes *(females)* / Chile

_____

**27** Use the adjectives provided to write complete sentences with present-tense forms of **ser**. Follow the model.

**MODELO**   los perros (lindo y pequeño)
*Los perros son lindos y pequeños.*

**1.** Tomás (inteligente y egoísta)

_____

**2.** Liliana (simpático y responsable)

_____

**3.** Olivia y Liliana (lindo y paciente)

_____

**4.** Tomás y Olivia (alto y delgado)

_____

**5.** la clase (interesante y divertido)

_____

**6.** los libros (aburrido y viejo)

_____

## capítulo 3  ¿Qué clases vas a tomar?

## ¡Imagínate!

**1**  **¿Qué deben estudiar?**  Based on their interests, say what course each of the following people should take.

| arte | biología | educación | español |
|------|----------|-----------|---------|
| francés | historia | literatura | química |

**MODELO**  Marco: Me gusta viajar a Francia.
*francés*

1. Tomás: Me gusta mirar pinturas y buscar información sobre los artistas.

   _____

2. Luisa: El estudio de los animales y las plantas es muy interesante.

   _____

3. Penélope: Hablo inglés, alemán y español. Me gustan las lenguas.

   _____

4. Alberto: Me gusta estudiar los eventos importantes del pasado.

   _____

5. Marilena: Me gusta trabajar con los niños y compartir *(to share)* información.

   _____

6. Sergio: Las novelas y la poesía son muy interesantes.

   _____

**2** **¿Dónde?** For each activity provided, write the corresponding location in the university.

| | | |
|---|---|---|
| la cafetería | el centro de computación | el centro de comunicaciones |
| el gimnasio | la librería | el salón de clase |
| la residencia estudiantil | la biblioteca | el hospital |

1. comer y beber: _____

2. imprimir *(to print)* una tarea: _____

3. estudiar, leer y sacar libros: _____

4. levantar pesas: _____

5. comprar libros: _____

6. hablar con los compañeros de cuarto: _____

7. transmitir programas de radio: _____

**3** **¿Qué hace Diana?** Look at Diana's agenda for the week. Write out in complete sentences what she does on each day, at what time, and where. Follow the example given in the model.

| lunes | martes | miércoles | jueves | viernes | sábado | domingo |
|---|---|---|---|---|---|---|
| 10:00 estudiar con Marcos, biblioteca | 13:30 tomar examen de informática, centro de computación | 18:45 tener clase de guitarra, estudio de música | 11:15 practicar alemán, centro de comunicaciones | 7:20 levantar pesas, gimnasio | 16:30 navegar por Internet, centro de computación | 13:00 descansar, residencia estudiantil |

**MODELO** lunes / 10:00 / estudiar con Marcos, biblioteca
*El lunes a las diez de la mañana, Diana estudia con Marcos en la biblioteca.*

1. _____

_____

2. _____

_____

3. _____

_____

4. _____

_____

5. _____

_____

6. _____

_____

**4** **¿Dónde está** *(Where is)* **Anabel?** You found Anabel's class schedule on her desk. You need to know where she is at different times. If she's at a certain place, what time must it be? Follow the example given in the model.

| lunes | martes | miércoles | jueves | viernes |
|-------|--------|-----------|--------|---------|
| 9:15 <br> geografía <br> 14:45 <br> ciencias políticas | 10:30 <br> inglés <br> 15:00 <br> literatura | 12:00 <br> química <br> 16:35 <br> música | 10:30 <br> inglés | 12:00 <br> química <br> 14:45 <br> ciencias políticas |

**MODELO** Está *(She is)* en la clase de geografía.
*Son las nueve y cuarto de la mañana.*

1. Está en la clase de química.

   _____

2. Está en la clase de ciencias políticas.

   _____

3. Está en la clase de inglés.

   _____

4. Está en la clase de música.

   _____

5. Está en la clase de literatura.

   _____

**5** **Mis clases.** Describe your class schedule in complete sentences. Say what classes you have each day of the week.

**MODELO** *Los lunes tengo física, filosofía y cálculo.*

1. _____

2. _____

3. _____

4. _____

5. _____

**6** **¿Qué día es hoy?** Write out two conversations with different classmates about today's and tomorrow's schedules. Include what you might have planned for both days. Follow the model.

MODELO   —¿Qué día es hoy?
    —Es lunes.
    —Los lunes tengo clase de filosofía a las tres de la tarde.
    —¿Ah, sí? ¿Y mañana?
    —Mañana tengo clase de arte.

1. _____

_____

_____

_____

_____

2. _____

_____

_____

_____

_____

**7** **¡Bonus!** See if you can solve the following logic puzzle about the days of the week from *Quo*, a general-interest magazine from Spain.

### 8. Fecha maldita

Si ayer no fue lunes, ni faltan tres días para el penúltimo día de la semana, pasado mañana no es martes, ni anteayer fue el tercer día de la semana, y tampoco faltan tres días para el jueves, ni mañana es domingo, ¿qué día es hoy?

**LUNES
MARTES
MIÉRCOLES
JUEVES
VIERNES
SÁBADO
DOMINGO**

**Si ayer no fue:** *If yesterday wasn't* **ni faltan:** *neither are lacking* **pasado mañana:** *the day after tomorrow* **ni anteayer fue…:** *the day before yesterday wasn't either* **tercer:** *third* **tampoco:** *neither*

Respuesta: _____

## ¡Prepárate!

### Asking questions: Interrogative words

**8** **El amigo del amigo.** Your friend is introducing you to his friend Federico. You have lots of questions for him. Finish each question in a logical way.

1. ¿Cómo _____?

2. ¿Qué _____?

3. ¿De dónde _____?

4. ¿Cuál es tu _____?

5. ¿Quién es tu _____?

6. ¿Cuántas _____?

**9** **Una estudiante nueva.** You've just met the new foreign exchange student from the Dominican Republic. Add the correct interrogative words to the following conversation.

TÚ:        ¡Hola! ¿ **1.** _____ te llamas? Yo soy…

BEATRIZ:    Hola, soy Beatriz. ¿ **2.** _____ estás?

TÚ:        Muy bien. ¿De **3.** _____ eres?

BEATRIZ:    Soy de Santo Domingo en la República Dominicana. Y tú, ¿de **4.** _____ estado eres?

TÚ:        Soy de… Bueno, ¿ **5.** _____ tiempo vas a pasar aquí?

BEATRIZ:    Seis meses. Hay muchas clases aquí en la universidad… ¿ **6.** _____ es un curso bueno para aprender el inglés?

TÚ:        A ver en el catálogo… Aquí hay uno, "Inglés para estudiantes extranjeros".

BEATRIZ:    ¿ **7.** _____ es el profesor?

TÚ:        Es la profesora Velarde. Ella es muy buena… Oye, ya son las tres.

            ¿ **8.** _____ no tomamos un café antes de la próxima clase?

BEATRIZ:    ¡Buena idea! Vamos.

**10** **Un mensaje misterioso.** You received the following note from a friend, but unfortunately you spilled coffee all over it and now some of the words are blurred and illegible. First look at the note and then write the questions that you need to ask your friend in order to get all of the information. Follow the model.

> ¡Hola!
>
> Oye, tenemos que estudiar el ▓▓▓▓ ▓▓▓▓ porque
> el examen es ▓▓▓▓▓. ¿Estudiamos en ▓▓▓▓▓
> a las ▓▓▓▓ ▓▓▓▓ el jueves? ¡Los exámenes del
> profesor Gallardo son muy ▓▓▓▓! Tienes los
> dos libros — ¿por qué no estudiamos ▓▓▓▓▓
> primero? Bueno, tengo que irme. Ahora ▓▓▓▓ ▓▓▓▓
> estudiamos para el examen de geografía.
> ¡Nos vemos ▓▓▓▓!
>
> Antonio

**MODELO** *¿Qué tenemos que estudiar?*

1. _____
2. _____
3. _____
4. _____
5. _____
6. _____
7. _____

## Talking about daily activities: The present indicative of regular *-er* and *-ir* verbs

**11** **Mis compañeros y yo.** Natalia lives in a group house with five other roommates. In order to keep track of everyone's activities, Natalia and her roommates record them all on one calendar. First study the calendar, then complete Natalia's comments to Martín about who is doing what, based on the cues provided. Follow the model.

| lunes | martes | miércoles | jueves | viernes | sábado | domingo |
|---|---|---|---|---|---|---|
| 9:00 A.M. Luis: recibir el paquete de su familia en la estación de autobuses | 10:00 A.M. Sandra: leer a los niños en la biblioteca | 11:00 A.M. Martín y Jorge: asistir a la clase de nutrición | 10:00 A.M. Sandra: leer a los niños en la biblioteca | 11:00 A.M. Martín y Jorge: asistir a la clase de nutrición | 9:00 A.M. Luis: correr en un maratón | 2:00 P.M. Todos: comer en casa de Felipe |
| 4:00 P.M. Natalia y Jorge: vender los libros en la librería | 1:00 P.M. Natalia: transmitir programa por la radio | 3:00 P.M. Felipe: imprimir su trabajo en el centro de computación | 7:30 P.M. Martín: compartir el auto con un amigo | 9:00 P.M. Sandra: abrir la puerta de la biblioteca para un grupo de estudio | 1:00 P.M. Natalia: transmitir programa por la radio | 7:00 P.M. Todos: ¡descansar en casa! |

**MODELO**  yo / los martes y los sábados a la una
*Yo transmito un programa por la radio.*

**1.** Luis / el lunes a las nueve

_____

**2.** Sandra / los martes y los jueves a las diez

_____

**3.** tú y Jorge / los miércoles y los viernes a las once

_____

**4.** Luis / el sábado a las nueve

_____

**5.** todos nosotros / el domingo a las dos

_____

**6.** Jorge y yo / el lunes a las cuatro

_____

**7.** Felipe / el miércoles a las tres

_____

**8.** tú / el jueves a las siete y media

_____

**9.** Sandra / el viernes a las nueve

_____

**10.** todos nosotros / el domingo a las siete

_____

**12 Los famosos.** Using the verbs provided, think of eight famous people who might do the activities indicated. Write complete sentences saying what they do. Follow the model.

**Actividades:** vender productos en la televisión, vivir en Beverly Hills, creer en las doctrinas de Scientology, correr mucho, escribir libros de terror, recibir una nominación para el Óscar, leer las noticias *(news)* en la televisión, comer en restaurantes exclusivos, deber aprender a cantar mejor *(better)*

**MODELO**   escribir novelas románticas
*Stephenie Meyer escribe novelas románticas.*

1. _____
2. _____
3. _____
4. _____
5. _____
6. _____
7. _____
8. _____

**13 Preguntas personales.** Answer the following questions about what you and your friends do during the week.

1. ¿Asistes a muchas clases?

_____

2. Tú y tus amigos, ¿comen en un restaurante frecuentemente?

_____

3. ¿Qué bebes cuando comes pizza? ¿Agua? ¿Café? ¿Un refresco *(A soft drink)*? ¿Cerveza *(Beer)*?

_____

4. ¿Tienes auto? ¿Compartes el auto con los amigos?

_____

5. ¿Tienen auto tus amigos? ¿Comparten el auto con otros amigos?

_____

6. ¿Comprenden tus amigos tus problemas?

_____

7. ¿Qué deben hacer *(to do)* tú y tus amigos durante la semana?

_____

8. ¿Recibes muchos mensajes de texto? ¿De quiénes?

_____

9. ¿Escriben muchos mensajes de texto tú y tus amigos? ¿A quiénes escriben?

_____

10. ¿Dónde vive tu familia? ¿Dónde viven tus mejores amigos?

_____

## Talking about possessions: Simple possessive adjectives

**14** **Todas las clases.** Use possessive adjectives to complete the following conversation between Rosa and Adela as they talk about their class schedules.

ADELA:     Oye, Rosa, necesito otra clase para completar **1.** _____ horario. ¿Tienes unas

sugerencias?

ROSA:      A ver… ¿qué tengo yo? ¿Cómo son **2.** _____ clases? Bueno, a mí me gusta mucho

la clase de nutrición. Es muy interesante.

ADELA:     Sí, pero ya tengo bastantes clases en ciencias. Necesito otro de los cursos básicos. ¿Qué tal

**3.** _____ clase de economía? ¿Te gusta?

ROSA:      ¡Uy, no! Es muy aburrida. Tal vez debes hablar con Lorena y Javier. Les gusta mucho

**4.** _____ clase de psicología.

ADELA:     ¿Verdad? A ver si tengo **5.** _____ número de teléfono. Voy a llamar.

ROSA:      Buena idea. A ver si ellos tienen unas sugerencias. Pero, oye, tenemos que estudiar, chica.

¡ **6.** _____ examen de biología es mañana!

ADELA:     Ay, sí. ¡Qué horror! ¡Tengo demasiado trabajo! ¿Por qué es tan complicada

**7.** _____ vida *(life)*?

ROSA:      ¡Pobrecita! **8.** _____ vida no es complicada… pero ¡ **9.** _____

excusas sí son complicadas!

**15** **¿Qué son?** Complete each of the following sentences with the most likely object and the correct possessive adjective. Make sure they all agree in number and gender. Follow the model.

**Objetos:** escritorio, calculadora, notas, libros, tarea, papel, computadora, diccionario

**MODELO**   Tomás estudia y escribe la tarea en _____ *su escritorio* _____ .

1. Yo busco información lingüística en _____ .

2. Tú recibes _____ finales para los cursos mañana.

3. Elena escribe e-mail con _____ .

4. Dolores y yo leemos sobre el arte en _____ .

5. Marcos y Leonora hacen *(do)* problemas de matemáticas con _____ .

6. Nosotros no comprendemos _____ .

7. Mario y Sara escriben apuntes en _____ .

## Indicating destination and future plans: The verb *ir*

**16** **En la universidad.** Look at the following drawing to say where each person is going right now. Use complete sentences.

Arsenio     tú     Sebastián y Alicia     yo     Gloria

© Cengage Learning 2013

**1.** Arsenio: _____

**2.** Tú: _____

**3.** Yo: _____

**4.** Alicia y Sebastián: _____

**5.** Gloria: _____

**17** **Actividades.** Use words from each column to create six sentences about the activities you and your friends plan to do this week.

|  **A** | **B** | **C** |
| --- | --- | --- |
| yo | ir a | tocar un instrumento musical (¿cuál?) |
| mi mejor amigo(a) | | leer libros (¿cuáles?) |
| mi mejor amigo(a) y yo | | comer en un restaurante (¿cuál?) |
| mis amigos | | estudiar (¿dónde?) |
| mis compañeros de clase | | practicar deportes (¿cuáles?) |
| mi familia | | descansar (¿dónde?) |
| | | escuchar música (¿de quién?) |
| | | trabajar (¿dónde?) |
| | | bailar (¿qué?) |
| | | alquilar videos (¿cuáles?) |
| | | mirar televisión (¿cuándo?) |

**MODELO**   *Mi amiga Teresa va a descansar en la residencia.*

1. _____

_____

2. _____

_____

3. _____

_____

4. _____

_____

5. _____

_____

6. _____

_____

## A leer

**Estrategia: Using visuals to aid in comprehension**

### >> Antes de leer

**18 Las imágenes.** Review the reading strategy on page 112 of your textbook. Then look at the following article about a school in Puerto Rico and study the photos and captions that accompany it. Based on the images you see, what kind of school do you think it is?

_____

**19 Palabras nuevas.** The following are some unknown words and phrases you will encounter in the reading passages. Although not all the words are cognates, most are somewhat similar to their English counterparts. See if you can match the two.

1. _____ según su director          a. *the only school*

2. _____ la única escuela           b. *received*

3. _____ esclavos negros            c. *instituted, created*

4. _____ instituyó                  d. *is directed at*

5. _____ recibió                    e. *according to its director*

6. _____ se dirige a                f. *poor*

7. _____ pobres                     g. *black slaves*

**20 Lo que sé.** **Bomba** and **plena** are two kinds of traditional music (and dance) that are popular in Puerto Rico. Based on the photos and what you already know about traditional Caribbean music, write down some Spanish words that you might expect to find in the reading. Use a bilingual dictionary to look them up if there are words you don't know.

_____

_____

_____

_____

_____

_____

_____

_____

_____

_____

_____

_____

## >> Lectura

**21** **El artículo.** Now that you have examined the photos that accompany the article, read the text. Remember, rely on your use of cognates to help you through it. You do not have to understand every word to get the main idea. Some key words are translated for you.

### Escuela de Bomba y Plena Rafael Cepeda

*Dialago/Fotos*

*Todos participan en una clase de percusión.*

Según su director don Modesto Cepeda, la Escuela de Bomba y Plena Rafael Cepeda es la única escuela de plena y bomba del mundo[1]. Pero fuera[2] de Puerto Rico, muchas personas no conocen[3] estos ritmos tan populares entre los puertorriqueños.

La plena es una forma musical que tiene sus orígenes entre la población urbana de Ponce, Puerto Rico. La bomba también es de origen puertorriqueño, pero es la creación de los esclavos negros de las áreas rurales

*Ricardo Alcaraz*

*Los niños más talentosos tienen clases especiales de baile.*

de la isla. Al contrario de la plena, la bomba es un estilo de música completamente africano. Las dos formas musicales representan la música más típica y tradicional de Puerto Rico.

Don Modesto instituyó su escuela en 1978 para mantener interés en las dos danzas, sus instrumentos tradicionales y su folklore. La escuela recibió su nombre del padre de don Modesto, don Rafael Cepeda, un famoso cantante, compositor, percusionista, bailarín y folklorista. Don Modesto y sus hijas ofrecen lecciones de música, baile, percusión e historia de plena y bomba. Hay clases para niños, jóvenes y adultos. La escuela se dirige en particular a los niños de familias pobres que no tienen acceso a una educación cultural. La Compañía Cimiento de Puerto Rico está afiliada con la escuela y algunos[4] de los profesores de la escuela también son miembros de este destacado[5] grupo musical.

[1]*world* [2]*outside* [3]**no...:** *are not familiar with* [4]*some* [5]*outstanding*

Adapted from "Escuela Plena y Bomba Rafael Cepeda," from *Diálogo*, Marzo 2000, Año 13, Num 127, pg. 37.

## >> Después de leer

**22 ¿Cierto o falso?** Say whether the following statements about the article are **cierto (C)** or **falso (F)**.

_____ **1.** Este artículo describe una escuela de música y danza.

_____ **2.** La bomba y la plena son instrumentos musicales.

_____ **3.** La bomba y la plena son de origen puertorriqueño.

_____ **4.** Hay clases de danza, música, historia y percusión.

_____ **5.** El padre de don Rafael se llama don Modesto.

**23 ¿Y tú?** Answer the following questions about the reading in complete sentences.

**1.** ¿Cuál es el origen de la plena?

_____

**2.** ¿Cuál es el origen de la bomba?

_____

**3.** ¿Te gusta la idea de tomar clases en una escuela de plena y bomba? ¿Por qué?

_____

_____

# Autoprueba

## >> ¡Imagínate!

**24** Write the name of the class that doesn't belong with the rest of the group.

1. _____ la pintura, la biología, la música, el baile
2. _____ el mercadeo, el cálculo, la informática, la estadística
3. _____ el español, el francés, el periodismo, el chino
4. _____ la filosofía, la literatura, la contabilidad, las lenguas
5. _____ la biología, el diseño gráfico, la salud, la química

**25** Look at the weekly course calendar and write out the full time, day, and date for each day's appointment. Follow the model.

**MODELO**   día 13
*La clase de biología es el lunes, el trece de abril, a las nueve de la mañana.*

| ABRIL | | | | | | |
|---|---|---|---|---|---|---|
| lun 13/4 | mar 14/4 | mié 15/4 | jue 16/4 | vie 17/4 | sáb 18/4 | dom 19/4 |
| 9:00 A.M. clase de biología | 1:45 P.M. clase de historia | 10:10 A.M. clase de arte | 2:50 P.M. clase de español | 7:30 A.M. clase de mercadeo | 10:15 A.M. clase de filosofía | 9:20 A.M. clase de yoga |

1. día 14 _____
   _____

2. día 15 _____
   _____

3. día 16 _____
   _____

4. día 17 _____
   _____

5. día 18 _____
   _____

6. día 19 _____
   _____

## >> ¡Prepárate!

### Interrogative words

**26** Write questions using the interrogatives and words provided. Follow the model.

**MODELO**    que / clases tener (tú) hoy
       *¿Qué clases tienes hoy?*

1. cuando / ser la clase de diseño gráfico

   _____

2. cuanto / libros tener (nosotros)

   _____

3. como / ser la estudiante nueva

   _____

4. quien / ser los profesores de negocios

   _____

5. por que / tener (tú) que estudiar el viernes

   _____

6. cual / ser la clase más interesante que (tú) tener

   _____

**27** Complete each question with an interrogative word from the list.

   **Palabras interrogativas:** cómo, cuál, cuándo, cuánto(a), cuántos(as), dónde, qué, quién

1. ¿De _____ es la nueva estudiante?
2. ¿_____ se llama el profesor de cálculo?
3. ¿Con _____ estudias el español? ¿Con el profesor Gómez?
4. ¿_____ es tu dirección electrónica?
5. ¿_____ personas hay en tu clase de arte?
6. ¿_____ es tu cumpleaños?
7. ¿_____ son tus clases este semestre? ¿Son interesantes?
8. ¿_____ clases tienes?

### Regular -er and -ir verbs in the present indicative

**28** Complete each sentence with the correct present indicative form of the verb provided.

1. Tú _____ (abrir) la puerta.
2. Ellos _____ (imprimir) la tarea.
3. Yo _____ (leer) la lección.
4. Usted _____ (vivir) en la residencia.
5. Nosotros _____ (comer) a las siete.
6. Ella _____ (vender) su bicicleta.

**29** Write complete sentences to say what the people indicated are doing. Use activities from the list.

**Actividades:** abrir, asistir, beber, compartir, correr, imprimir, transmitir

**1.** ella

**2.** nosotros

**3.** yo

la tarea

_____

_____

_____

**4.** ustedes

**5.** tú

**6.** él

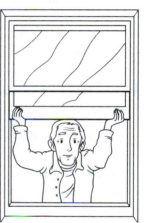

_____

_____

_____

## Simple possessive adjectives

**30** Write the correct possessive adjective for each object indicated. Follow the model.

**MODELO** _____*mi*_____ silla (yo)

**1.** _____ apuntes (tú)

**2.** _____ mochilas (ellos)

**3.** _____ celulares (nosotros)

**4.** _____ mesa (él)

**5.** _____ clases (yo)

**6.** _____ profesora de arte (ella)

**7.** _____ perro (usted)

**8.** _____ computadora (nosotros)

**31** Follow the model to write complete sentences that answer the questions.

**MODELO** ¿De quién es el diccionario? (ella)
*Es su diccionario.*

1. ¿De quién son los cuadernos? (yo)

_____

2. ¿De quién es el marcador? (usted)

_____

3. ¿De quién son los apuntes? (tú)

_____

4. ¿De quién es la tarea? (nosotros)

_____

5. ¿De quién son las sillas? (ellos)

_____

6. ¿De quién es la mochila? (él)

_____

## The verb *ir*

**32** Complete Ricardo's description of his and his roommates' plans for tonight with present indicative forms of the verb **ir**.

¡Es viernes y todos tenemos planes! Yo 1. _____ a escuchar música con mis amigos en un club alternativo. Después, nosotros 2. _____ a una fiesta en la casa de un compañero de clase. Mi amigo Roberto 3. _____ a estudiar en la biblioteca porque tiene un examen muy importante el lunes. ¡Qué aburrido! Raúl y Rafael 4. _____ al gimnasio para levantar pesas. ¡Son muy activos... y también están un poco obsesionados! ¿Y tú? ¿Adónde 5. _____ esta noche?

**33** Use complete sentences to answer the questions.

1. Normalmente, ¿cuándo vas a la biblioteca?

_____

2. ¿Van tú y tus amigos a la cafetería para comer?

_____

3. ¿Vas a ir a un concierto este fin de semana?

_____

4. ¿Van tus amigos al gimnasio frecuentemente?

_____

5. ¿A qué hora vas a tu clase de español?

_____

6. ¿Adónde va a estudiar tu compañero(a) de cuarto?

_____

## capítulo 4 ¿Te interesa la tecnología?

### ¡Imagínate!

**1** **Mi computadora.** Compras una computadora nueva. En el manual hay un dibujo de la computadora que da el nombre de cada pieza. Escribe el nombre de cada pieza en la línea en blanco. Usa el artículo definido.

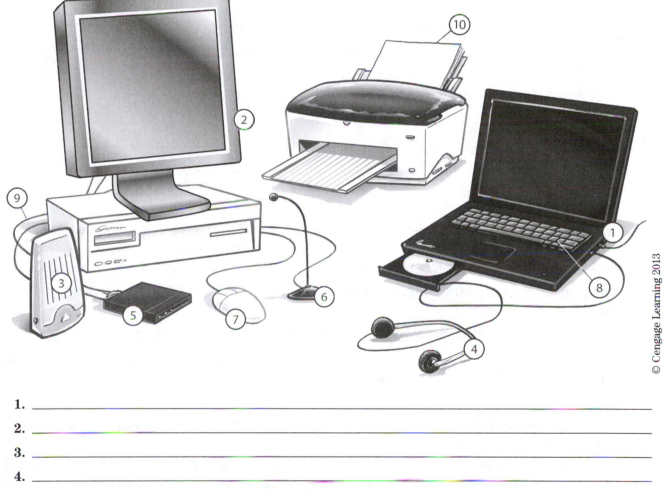

© Cengage Learning 2013

1. _____
2. _____
3. _____
4. _____
5. _____
6. _____
7. _____
8. _____
9. _____
10. _____

**2** **¿Cómo usas tu computadora?** Ahora contesta las preguntas sobre el uso de tu computadora.

1. ¿Cuál es tu dirección electrónica? _____

2. ¿Cuál es tu aplicación favorita? _____

3. ¿Te gusta bajar o subir fotos a tu página de Facebook? _____

4. ¿Cuál es tu juego interactivo favorito? _____

5. ¿Cómo se llama el buscador que usas más? _____

6. ¿Cuál es tu sitio web favorito? _____

**3** **Los colores.** Escribe el color que asocias con cada situación.

¿Qué color o colores asocias con las siguientes emociones o condiciones?

1. triste: _____

2. celoso: _____

3. furioso: _____

4. nervioso: _____

¿Qué color o colores asocias con los siguientes animales?

5. un elefante: _____

6. un león: _____

7. una mariposa *(butterfly)* monarca: _____

8. un flamenco *( flamingo)*: _____

**4** **Los niños.** Los niños pueden ser muy emotivos *(emotional)*. Tú eres consejero(a) en un campamento *(camp counselor)* de niños de ocho a diez años. Escribe cómo está cada niño(a) según lo que te dice. Usa **está +** la forma correcta de las palabras en la lista.

> **Ideas:** aburrido(a), cansado(a), contento(a), enfermo(a), enojado(a), nervioso(a), ocupado(a), preocupado(a), seguro(a), triste

1. *María:* ¡No puedo dormir! Ya van tres noches que no duermo bien. ¡Quiero ir a mi casa!

_____

2. *Tomás:* ¡Tengo apendicitis! No puedo comer. ¡Necesito ir al hospital!

_____

3. *Enrique:* Quiero hablar con mi mamá y mi papá. Quiero estar en mi cuarto con mis juegos. Quiero estar con mis amigos.

_____

4. *Pamela:* ¡Mi MP3 portátil no funciona! ¡Quiero escuchar música y no puedo! ¡Es absurdo!

_____

5. *David:* Me gusta el campamento. Los niños son muy divertidos. Voy a tener muchos amigos aquí.

_____

6. *Ana:* No me gustan las actividades del campamento. No hay nada interesante que hacer. ¿Dónde está mi computadora? ¡Quiero mirar televisión!

_____

**5  Los productos electrónicos.**  Varios de tus amigos te comentan sobre sus necesidades. Diles qué producto electrónico necesitan.

**MODELO**  Quiero poner los nombres, las direcciones, las direcciones electrónicas, los números de teléfono y los cumpleaños de todos mis amigos en un sitio central.
*Necesitas un teléfono inteligente.*

1. Quiero alquilar DVDs y mirarlos en casa a todas horas.

_____

2. Quiero navegar por Internet en el salón de clase, en la biblioteca, en la cafetería y en todos los sitios de la universidad.

_____

3. Quiero escuchar música cuando estoy en el gimnasio o cuando corro por las mañanas.

_____

4. Si es necesario, quiero que mis amigos y mi familia me puedan notificar o ponerse en contacto conmigo.

_____

5. Quiero grabar *(to tape)* las actividades de los estudiantes en la residencia estudiantil y transmitir el programa por la red mundial.

_____

**6  El ciberespacio.**  Contesta las siguientes preguntas sobre tus actividades en la red mundial.

1. ¿Te gusta chatear? ¿Qué grupos de conversación te interesan?

_____

2. ¿Cuánto tiempo pasas en Internet todos los días?

_____

3. ¿Cuántos e-mails recibes en un día?

_____

4. ¿Cuál es tu proveedor de acceso?

_____

5. ¿Cuáles son tus sitios web favoritos?

_____

6. ¿Participas en grupos de noticias? ¿Cuáles?

_____

7. ¿Cambias *(Do you change)* tu contraseña con frecuencia? ¿Cuántas veces *(times)* por mes?

_____

## ¡Prepárate!

**Expressing likes and dislikes:** *Gustar* **with nouns and other verbs like** *gustar*

**7** **Los gustos de los estudiantes.** Completa el siguiente párrafo sobre los gustos de los estudiantes de la universidad de Tomás. Usa la forma correcta del verbo entre paréntesis.

Aquí en la universidad a los estudiantes nos **1.** _____ (gustar) mucho Internet

y las redes sociales. A mi amiga Rebeca le **2.** _____ (fascinar) un sitio web que

tiene información sobre la genealogía de su familia. A mis compañeros de cuarto, Luis y Javier, les

**3.** _____ (encantar) los grupos de noticias y los foros. A mí me **4.** _____

(interesar) los juegos interactivos, porque me **5.** _____ (gustar) jugar frecuentemente

con mi familia y mis amigos. A todos nos **6.** _____ (molestar) las computadoras viejas y

las conexiones malas, porque nos **7.** _____ (importar) mucho navegar rápidamente por

el ciberespacio. Así que nos **8.** _____ (encantar) las computadoras con mucha memoria.

**8** **¿Les gusta?** Indica si a las siguientes personas les gustan o no les gustan estos productos eléctronicos. Sigue el modelo.

**MODELO**   Mario (no) / computadoras portátiles
   *A Mario no le gustan las computadoras portátiles.*

**1.** señora Morales (sí) / los teléfonos inteligentes

_____

**2.** tú (no) / los reproductores de DVD

_____

**3.** yo (sí) / el programa antivirus

_____

**4.** Beatriz y Marta (sí) / las videocámaras

_____

**5.** Guillermo y yo (no) / los juegos interactivos

_____

**6.** usted (no) / los MP3 portátiles

_____

**7.** ustedes (sí) / el wifi

_____

**8.** señor Montoya (no) / el grupo de noticias

_____

**9** **Los intereses de todos.** Escoge palabras de cada columna para describir qué opinan tú y otros de las cosas indicadas. Puedes usar el singular o el plural de las palabras en la tercera columna.

**MODELO** *A mí me fascinan los juegos interactivos.*

| **A** | **B** | **C** |
|---|---|---|
| mí | (no) interesar | tableta |
| ti | molestar | juego interactivo |
| mi mejor amigo(a) | (no) gustar | computadora portátil |
| mis amigos | fascinar | correo electrónico |
| nosotros | encantar | grupo de conversación sobre ¿...? |
| | | blog sobre... |
| | | página web de... |
| | | sitio web sobre... |
| | | wifi |

1. _____

2. _____

3. _____

4. _____

5. _____

## Describing yourself and others and expressing conditions and locations: The verb *estar* and the uses of *ser* and *estar*

**10** **¿Cómo están hoy?** Basándote en las siguientes oraciones, di *(say)* cómo está cada una de las personas indicadas. Sólo debes usar cada una de las siguientes palabras una vez. Usa la forma correcta de cada adjetivo.

**Posibilidades:** aburrido(a), cansado(a), contento(a), enfermo(a), furioso(a), nervioso(a), ocupado(a), triste

1. Tenemos un examen muy difícil en la clase de cálculo.

_____

2. Al señor Alvarado no le interesa mucho su clase de contabilidad.

_____

3. ¡Tengo seis clases hoy!

_____

4. A ustedes les molesta muchísimo recibir anuncios *(advertisements)* por correo electrónico.

_____

5. No duermes bien.

_____

6. ¡Nosotros tenemos apendicitis!

_____

7. ¡Olgalucía y Ángela no tienen que trabajar hoy!

_____

8. Tengo malas noticias de mi familia.

_____

**11 Estoy…** Completa las siguientes oraciones con las formas correctas de **ser** o **estar**.

1. Yo _____ de Segovia, España. ¿De dónde _____ tú?

2. Mi amiga Cristina _____ en la biblioteca. Yo _____ en casa.

3. Ricardo _____ un poco nervioso porque _____ la una y tiene que ir al dentista.

4. Arturo y yo _____ altos. María y Efraín _____ bajos.

5. ¿Dónde _____ mis libros de matemáticas? Hoy _____ miércoles y tengo clase a las dos.

6. La profesora de español _____ de España y _____ una autora famosa.

7. Raquel y yo _____ preocupadas porque tenemos examen de español y no _____ preparadas.

## Talking about everyday events: Stem-changing verbs in the present indicative

**12 ¿Qué hacen?** Indica qué hace o quiere hacer cada una de las personas indicadas, según el modelo.

**MODELO**   Margarita (dormir la siesta)
*Margarita duerme la siesta.*

1. Ana y yo (jugar tenis)

   _____

2. Mamá y Papá (pensar ir de vacaciones)

   _____

3. Adela (preferir descansar)

   _____

4. tú (querer ir a la cafetería)

   _____

5. yo (empezar a estudiar)

   _____

6. nosotros (servir la cena)

   _____

7. Cecilia (volver del gimnasio)

   _____

8. Lili y Santiago (perder un juego de básquetbol)

   _____

**13** **¡A trabajar!** Todos los estudiantes están muy ocupados con un proyecto importante para el centro de computación. Usa las palabras indicadas para crear oraciones sobre sus actividades.

1. Nieve (empezar a instalar el programa)

_____

2. Eduardo y Sandra (poder hacer la conexión con Internet)

_____

3. Nosotros (repetir la contraseña para el director)

_____

4. yo (encontrar la información necesaria)

_____

5. tú (preferir instalar un programa antivirus)

_____

6. Selena y yo ( jugar el juego interactivo)

_____

7. Marcos (pedir asistencia del profesor Núñez)

_____

8. Lidia y Fede (volver de la biblioteca con más información)

_____

**14** **Preguntas personales.** Contesta las siguientes preguntas según tus opiniones personales y las de tus amigos.

1. ¿Cuántas horas duermes durante *(during)* la semana?

_____

2. ¿Cuántas horas duermen tú y tu compañero(a) de cuarto los fines de semana?

_____

3. ¿A qué hora empiezas a estudiar?

_____

4. ¿Cuándo vuelves a la residencia estudiantil (o al apartamento) después de las clases?

_____

5. ¿Qué piensas de las redes sociales?

_____

6. ¿Qué quieren estudiar tú y tus amigos el próximo semestre?

_____

7. ¿Dónde prefieres estudiar?

_____

8. ¿Qué prefieren hacer tú y tus amigos los fines de semana?

_____

# Describing how something is done: Adverbs

**15** **Los adverbios.** Pon las respuestas correctas en los espacios en blanco.

¿Cuál es opuesto de cada uno de los siguientes adverbios?

1. rápidamente: _____

2. fácilmente: _____

3. bien: _____

4. mucho: _____

Cambia los siguientes adjetivos a adverbios.

5. económico: _____

6. único (*unique*): _____

7. normal: _____

8. nervioso: _____

9. seguro: _____

10. feliz (*happy*): _____

**16** **¡Más rápidamente!** Completa las oraciones con el adverbio o los adverbios correctos. Algunas pueden tener más de una respuesta.

**Adverbios:** fácilmente, difícilmente, frecuentemente, normalmente, rápidamente, lentamente, bien, demasiado, mal, mucho, muy, poco

1. Necesito una computadora nueva. Ésta es muy lenta; no funciona _____.

2. Me gusta el programa antivirus. Uso mi programa _____, casi cada semana.

3. Durante una semana típica, _____ voy a clase por la mañana.

4. Me gustan las aplicaciones que puedo usar _____; no tienen demasiadas instrucciones difíciles.

5. Este juego interactivo no me gusta mucho. Funciona _____ mal.

6. Este celular no funciona _____. ¡Recibo muy pocas llamadas!

7. Esta computadora funciona _____. No tiene suficiente memoria.

# A leer

**Estrategia: Using format clues to aid in comprehension**

## >> Antes de leer

**17 Los perfiles.** You are going to read some personal profiles on a social network. What kind of information would you expect to see there? Make a list of at least five items in Spanish. Use a bilingual dictionary to look up words you don't know.

_____

_____

_____

**18 El formato.** Review the reading strategy on page 152 of your textbook. Then look at pages 66–67 and study the visuals and other format clues that accompany each item. Based on the format of the text and images you see, what do you think you are looking at?

_____

_____

## >> Lectura

**19 aconocernos.com.** Look at the profiles again. Now that you have examined the format and visuals in each profile, read the profiles themselves. Remember, rely on your use of cognates to help you through the text. You do not have to understand every word to get the main idea.

## Nuevos amigos

Buscar     🔍

| Nuevos amigos | 🔍 **Buscar** | Buscador de amigos |

| Todos los resultados | Personas | Páginas | Grupos | Eventos | Aplicaciones |

Mostrar resultados de   Todas las redes   ⬍

Mostrando 1–6 de más de 50 resultados para: Nuevos amigos     **1** 2   Siguiente

### Javier de la Cruz

| | |
|---|---|
| **Nombre:** | Javier de la Cruz |
| **Apodo:** | Javi |
| **Cumpleaños:** | 12/4/92 |
| **Escuela:** | la Universidad de Costa Rica |
| **Nacionalidad:** | costarricense |
| **Intereses:** | ir al gimnasio, mirar documentarios, leer el periódico; el ciclismo, la música clásica |
| **Héroes:** | Directores famosos de documentales como Errol Morris, Patricio Guzmán, Jehane Noujaim, Chris Hegedus |
| **Amigos:** | Anilú Guzmán, Sergio Vera Núñez, Beto Ramírez Torres |

### Ana Luisa Guzmán (Anilú)

| | |
|---|---|
| **Nombre:** | Ana Luisa Guzmán |
| **Apodo:** | Anilú |
| **Cumpleaños:** | 7/9/93 |
| **Escuela:** | la Universidad de Costa Rica |
| **Nacionalidad:** | costarricense |
| **Intereses:** | cocinar, correr en el parque, bailar, escuchar la música pop y afrocubana; las telenovelas, los espectáculos de música |
| **Héroe:** | Mi papá |
| **Amigos:** | Javier de la Cruz, Beto Ramírez Torres, Dulce Martínez |

### Alberto Ramírez Torres

| | |
|---|---|
| **Nombre:** | Alberto Ramírez Torres |
| **Apodo:** | Beto |
| **Cumpleaños:** | 31/3/93 |
| **Escuela:** | la Universidad de Costa Rica |
| **Nacionalidad:** | costarricense |
| **Intereses:** | navegar en Internet, leer libros de informática y literatura; el tenis, las computadoras, los picnics |
| **Héroes:** | Bill Gates, Linus Torvalds, Steve Jobs |
| **Amigos:** | Anilú Guzmán, Sergio Vera Núñez, Chela Domínguez, Dulce Martínez |

**apodo:** *nickname* **periódico:** *newspaper* **telenovelas:** *soap operas*

© Cengage Learning 2013

http://www.aconocernos.com

# Nuevos amigos

Buscar 🔍

| Nuevos amigos | 🔍 Buscar | Buscador de amigos |

| Todos los resultados | Personas | Páginas | Grupos | Eventos | Aplicaciones |

Mostrar resultados de [ Todas las redes ▲▼ ]

Mostrando 1–6 de más de 50 resultados para: Nuevos amigos                1 **2** Siguiente

### Sergio Vera Núñez

| | |
|---|---|
| **Nombre:** | Sergio Vera Núñez |
| **Cumpleaños:** | 2/11/92 |
| **Escuela:** | la Universidad de Costa Rica |
| **Nacionalidad:** | costarricense |
| **Intereses:** | ir al gimnasio, conocer a las chicas, mirar deportes en la televisión; el fútbol, el esquí, la música rap, los deportes |
| **Héroes:** | Ronaldo, David Beckham, Gretchen Bleiler, Rafael Nadal |
| **Amigos:** | Beto Ramírez Torres, Javier de la Cruz |

### Dulce Martínez

| | |
|---|---|
| **Nombre:** | Dulce Martínez |
| **Cumpleaños:** | 20/1/92 |
| **Escuela:** | la Universidad de Costa Rica |
| **Nacionalidad:** | costarricense |
| **Intereses:** | estudiar en la biblioteca, mirar películas en casa, ir al café, escribir, el tenis, los picnics |
| **Héroes:** | mis profesores |
| **Amigos:** | Anilú Guzmán, Beto Ramírez Torres, Chela Domínguez |

### Graciela Domínguez

| | |
|---|---|
| **Nombre:** | Graciela Domínguez |
| **Apodo:** | Chela |
| **Cumpleaños:** | 19/7/93 |
| **Escuela:** | la Universidad de Costa Rica |
| **Nacionalidad:** | costarricense |
| **Intereses:** | ir al gimnasio, leer el periódico, ir a la playa, escribir artículos para el periódico escolar; el periodismo, la música clásica |
| **Héroes:** | Los periodistas famosos como Bob Woodward y Carl Bernstein, Maureen Dowd, Rosa Montero |
| **Amigos:** | Beto Ramírez Torres, Dulce Martínez |

**conocer:** *to meet* **deportes:** *sports* **playa:** *beach*

## >> Después de leer

**20 ¿Comprendes?** Say to whom the following statements apply. (In some cases it can be more than one person. **Hint:** see whether the statement uses **le** or **les**!)

1. Le gustan las telenovelas: _____

2. Les gusta la música clásica: _____

3. Sus héroes son sus profesores: _____

4. Les gusta ir al gimnasio: _____

5. Le interesa mucho el periodismo: _____

6. Le gustan las computadoras y el tenis: _____

7. Les gustan los picnics: _____

**21 Mi perfil.** If you were going to join the listings on aconocernos.com, what would your profile look like? Follow the format of the ones you just read to create your online profile below. Be sure to say what you like and dislike.

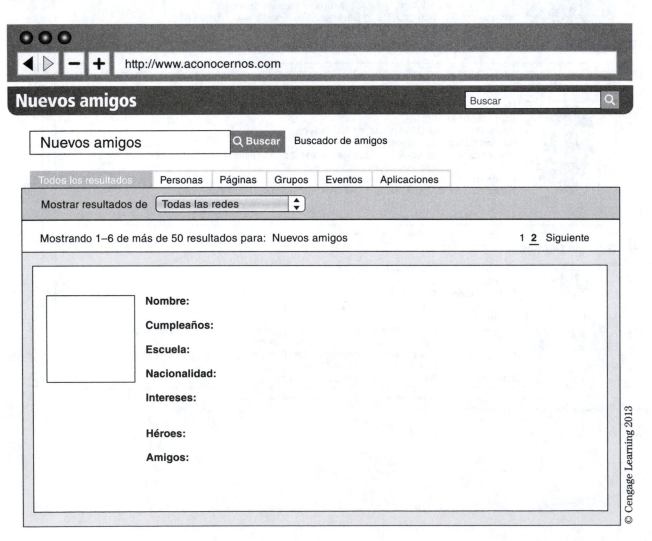

## Autoprueba

### >> ¡Imagínate!

**22** Haz correspondencia entre las actividades a la derecha y el hardware a la izquierda.

_____ 1. los altoparlantes        a. escribir

_____ 2. el ratón                 b. conectar

_____ 3. el teclado               c. escuchar

_____ 4. el micrófono             d. hacer clic

_____ 5. la impresora             e. hablar

_____ 6. el cable                 f. imprimir

**23  Lee los comentarios de Elena.** Después escribe el adjetivo que mejor describe cómo está Elena en cada situación. Escribe una oración según el modelo.

**MODELO**   Este libro no es interesante y no hay nada bueno en la televisión.
*Ella está aburrida.*

**Adjetivos:**  cansado, enfermo, nervioso, ocupado

1. ¡Tengo un examen muy importante hoy!

_____

2. ¡Ay, tengo náuseas y una temperatura alta!

_____

3. ¡Acabo de correr 15 kilómetros!

_____

4. Tengo seis clases hoy y también tengo que trabajar después de las clases.

_____

**24**  ¿De qué color es cada objeto indicado? Si hay varias posibilidades, escribe todas.

1. un tomate _____

2. el brócoli _____

3. un autobús para los estudiantes _____

4. una rosa _____

5. una violeta _____

6. el chocolate _____

7. una pantera _____

8. un delfín (*dolphin*) _____

## >> ¡Prepárate!

### *Gustar* with nouns and other verbs like *gustar*

**25** Escribe oraciones para decir qué opiniones tienen las personas indicadas sobre los objetos o actividades que se mencionan. Sigue el modelo y usa **a** + *pronombre de sujeto* en las respuestas (**a mí, a ti, a usted, a él, a ella, a nosotros, a ustedes, a ellos, a ellas**).

**MODELO**    Mario / gustar (los teléfonos inteligentes).
*A él le gustan los teléfonos inteligentes.*

### Objetos

1. tú / interesar (la computadora portátil)

_____

2. Marta y Luis / encantar (las cámaras digitales)

_____

3. yo / molestar (los audífonos)

_____

4. ella / gustar (la tableta)

_____

5. usted / encantar (hablar por teléfono)

_____

6. nosotros / molestar (correr)

_____

7. Jaime / importar (cocinar)

_____

8. ustedes / gustar (mirar televisión)

_____

### The verb *estar* and the uses of *ser* and *estar*

**26**  Haz oraciones completas con formas de **estar** en el presente de indicativo.

1. yo / contento

_____

2. nosotros / aburrido

_____

3. ella / enojado

_____

4. ustedes *(fem.)* / ocupado

_____

**5.** tú *(masc.)* / seguro

_____

**6.** usted *(fem.)* / triste

_____

**7.** él / nervioso

_____

**8.** tú y yo / furioso

_____

**27** Escribe oraciones completas para decir donde están las personas indicadas.

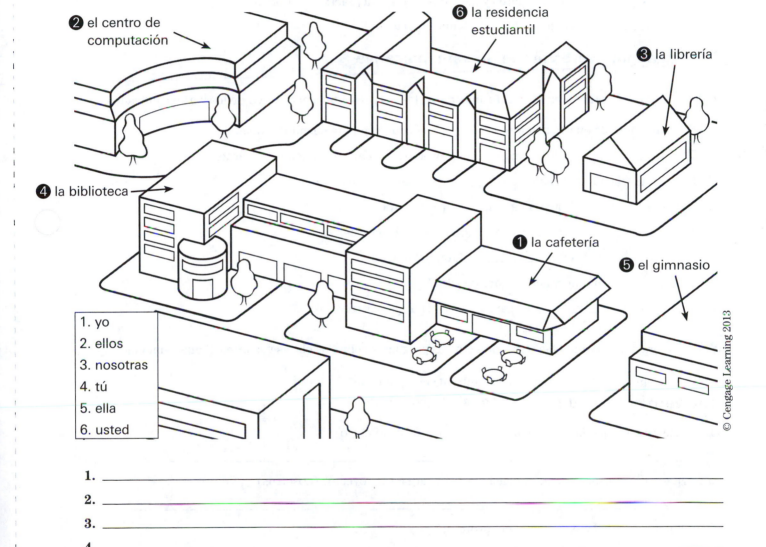

**❷** el centro de computación

**❻** la residencia estudiantil

**❸** la librería

**❹** la biblioteca

**❶** la cafetería

**❺** el gimnasio

© Cengage Learning 2013

1. yo
2. ellos
3. nosotras
4. tú
5. ella
6. usted

**1.** _____

**2.** _____

**3.** _____

**4.** _____

**5.** _____

**6.** _____

**28** Completa las oraciones con las formas correctas de **ser** o **estar**.

1. Miguel _____ en el salón de clase.

2. Mis amigas _____ muy aburridas hoy.

3. La profesora de español _____ de España. _____ española.

4. Esta mochila _____ de Anita.

5. _____ las cuatro y cuarto de la tarde.

6. Yo _____ Marilena y éste _____ mi amigo José Luis.

7. Mi amiga _____ una profesora de lingüística.

8. Mi compañero de cuarto _____ enfermo. ¡Tiene bronquitis!

9. Nosotros _____ activos, altos y delgados. Nos gusta practicar deportes.

10. La fiesta _____ en la cafetería de la universidad.

## Stem-changing verbs in the present indicative

**29** Completa las oraciones con las formas correctas del presente de indicativo de los verbos indicados.

1. Mi compañera de cuarto siempre _____ (cerrar) la puerta cuando estudia.

2. Tú y yo _____ (poder) completar el proyecto si trabajamos mucho esta tarde.

3. En la cafetería, mi amigo siempre _____ (pedir) té con limón.

4. Nosotros _____ (querer) ir al gimnasio esta tarde.

5. Yo _____ (sentir) mucha alegría durante las vacaciones.

6. ¡Mis compañeros de cuarto _____ (dormir) mucho!

7. Tú _____ (entender) la lección, ¿verdad?

8. Mis amigos y yo _____ (jugar) tenis en el parque los sábados.

**30** Usa oraciones completas para contestar las preguntas sobre las clases y la tarea. Sigue el modelo.

**MODELO**    ¿Quién prefiere trabajar en el centro de computación? (Luis)
*Luis prefiere trabajar en el centro de computación.*

1. ¿Quién piensa que la clase de programación es divertida? (yo)

_____

2. ¿Quién quiere usar la memoria flash para descargar el proyecto? (nosotros)

_____

3. ¿Quién entiende la explicación del profesor? (tú)

_____

4. ¿Quién vuelve esta noche para trabajar en el proyecto? (ellos)

_____

**5.** ¿Quién siente mucha tristeza hoy? (Rogelio y yo)

_____

**6.** ¿Quién prefiere empezar el proyecto mañana? (usted)

_____

## Adverbs

**31** Primero, cambia los adjetivos de la tabla a adverbios. Después, completa las oraciones a continuación con el adverbio correcto. No uses el mismo adverbio más de una vez.

| Adjetivo | Adverbio | Adjetivo | Adverbio |
|----------|----------|----------|----------|
| rápido | | fácil | |
| lento | | difícil | |
| frecuente | | general | |

**1.** Estoy contento cuando mi conexión a Internet funciona _____.

**2.** Mi amiga es muy apta para los idiomas. Aprende nuevas lenguas muy _____.

**3.** Voy a ese café muy _____. Estoy allí todos los fines de semana.

**4.** _____ las tabletas no tienen la misma funcionalidad o capacidad de las computadoras portátiles.

# capítulo 5   ¿Qué tal la familia?

## ¡Imagínate!

**1**   **Mi familia.** Explica la relación entre tú y la persona indicada.

**MODELO**    Es la hija de mi hermano.
           *Es mi sobrina.*

1. Es la hermana de mi madre.

   _____

2. Es la madre de mi padre.

   _____

3. Es el hijo de mi tío.

   _____

4. Es el padre de mi primo.

   _____

5. Es la esposa de mi hermano.

   _____

6. Son los padres de mi esposa.

   _____

7. Es la hija de mi padre, pero no es la hija de mi madre.

   _____

8. Es la nueva esposa de mi padre. No es mi madre.

   _____

**2** **Juego de lógica.** Usa la lógica para descubrir cuál es la relación familiar de cada persona indicada.

—— **1.** Soy el hijo del esposo de tu madre.          a. nuera

—— **2.** Soy el papá de tu mamá.          b. yerno

—— **3.** Soy la esposa del hijo de tu abuelo.          c. medio hermano

—— **4.** Soy la madre de tu esposo.          d. madrastra

—— **5.** Soy el esposo de tu hija.          e. suegra

—— **6.** Soy la hija de tu madrastra.          f. abuelo

—— **7.** Soy la esposa de tu hijo.          g. cuñada

—— **8.** Soy la esposa de tu hermano.          h. hermanastra

**3** **¿Cuál es su profesión?** Escoge de la lista de profesiones para indicar la profesión de cada una de las personas indicadas.

abogado(a)          arquitecto(a)          carpintero(a)          diseñador(a) gráfico(a)          enfermero(a)
médico(a)          mecánico(a)          peluquero(a)          periodista          veterinario(a)

**1.** A Alberto le gusta hacer ilustraciones y trabajar en la computadora.

Es _____.

**2.** A Susana le interesa hacer trabajos de investigación y escribir artículos.

Es _____.

**3.** A Ernestina le gusta construir casas y otros edificios.

Es _____.

**4.** A José Antonio le gusta trabajar con los animales.

Es _____.

**5.** A María Teresa le interesa reparar automóviles.

Es _____.

**6.** A Hernando le gusta cortar y lavar el pelo.

Es _____.

**7.** A Guillermo le interesa curar a los enfermos.

Es _____.

**8.** A Luisa le gusta diseñar casas y edificios.

Es _____.

**4** **El baño de Marta y Mario.** Marta y Mario son muy ordenados. Siempre tienen todo lo que necesitan en el baño. Escribe los nombres de las cosas que hay en el baño de Marta y Mario.

© Cengage Learning 2013

1. _____
2. _____
3. _____
4. _____
5. _____
6. _____
7. _____
8. _____
9. _____
10. _____
11. _____

**5** **Así es mi familia.** Escribe un párrafo que describe tu familia nuclear y/o tu familia política. Incluye por lo menos cinco parientes. Añade *(Add)* todos los detalles que puedas sobre su apariencia física, su personalidad, su profesión, su edad, su cumpleaños, etc.

_____

_____

_____

_____

_____

_____

_____

_____

_____

_____

_____

_____

_____

_____

## ¡Prepárate!

### Describing daily activities: Irregular-*yo* verbs in the present indicative, *saber* vs. *conocer*, and the personal *a*

**6** **Muchas cosas que hacer.** Imagina que las actividades de la lista son tus actividades diarias. Ponlas en un orden cronológico, según tu rutina diaria. Sigue el modelo.

**MODELO** *Primero, hago el desayuno.*

**Actividades:** conducir a…, dar comida al gato *(cat)* o al perro, hacer el desayuno, poner… en la mochila, salir de la casa, venir a casa, ver…

1. Primero, _____.

2. Segundo, _____.

3. Tercero, _____.

4. Entonces, _____.

5. Luego, _____.

6. Después, _____.

7. Al final, _____.

**7** **Preguntas personales.** Contesta las siguientes preguntas sobre tus actividades y tu familia.

1. ¿Haces algo especial con tu familia los fines de semana? ¿Qué haces?

_____

_____

2. ¿Sales de la ciudad los fines de semana?

_____

_____

3. ¿Qué traes a una fiesta?

_____

_____

4. ¿Conoces a muchas personas en tu residencia o edificio de apartamentos? ¿A quiénes no conoces?

_____

_____

5. ¿Tienes coche? ¿Conduces frecuentemente o vas a pie o en bicicleta cuando sales?

_____

_____

6. ¿A qué parientes ves con frecuencia? ¿A qué parientes no ves con frecuencia?

_____

_____

7. ¿Sabes la historia de tu familia? ¿Qué más quieres saber?

_____

_____

8. Por lo general, ¿a qué hora sales de casa los viernes y los sábados? ¿Y a qué hora regresas?

_____

_____

## Describing daily activities: Reflexive verbs

**8** **¡Vacaciones en grande!** Completa el siguiente párrafo sobre las vacaciones de Mario y su familia. Usa la forma correcta del verbo reflexivo entre paréntesis.

Todos los años mi familia **1.** _____ (reunirse) en una casa grande en las montañas para las vacaciones. Toda la familia viene, ¡incluso las personas que siempre **2.** _____ (pelearse)! Aunque es una casa grande, hay muchas personas y no hay mucho espacio. Sólo hay un baño y siempre está ocupado. ¡Todos nosotros **3.** _____ (prepararse) en varios cuartos de la casa!

Por ejemplo, yo **4.** _____ (vestirse) y **5.** _____ (peinarse) en mi cuarto. A veces, mi papá **6.** _____ (afeitarse) en la cocina donde hay varios enchufes *(plugs)* eléctricos. Mi mamá **7.** _____ (lavarse) y **8.** _____ (secarse) el pelo en la cocina también. Mis tres hermanos menores y mi primo **9.** _____ (lavarse) los dientes en el garaje, donde hay agua potable, y **10.** _____ (ponerse) la ropa en el clóset, porque ellos no tienen sus propios cuartos. ¡Ellos **11.** _____ (acostarse) en los sofás de la sala *(living room)*! Mi hermana mayor **12.** _____ (maquillarse) en el garaje, pues usa el espejo *(mirror)* del auto.

Mis abuelos sí tienen su propio cuarto pero tienen que compartir el baño con nosotros. Ellos **13.** _____ (levantarse) a las cinco de la mañana para usar el baño antes del resto de la familia. Mis tíos **14.** _____ (acostarse) a medianoche porque tienen que esperar hasta esa hora para **15.** _____ (ducharse).

Es una situación un poco exagerada, pero todos nosotros siempre **16.** _____ (reírse). No **17.** _____ (pelearse) mucho, pero ¡sí **18.** _____ (quejarse) de vez en cuando!

**9** **¿Qué hacen?** Para cada oración, indica qué va a hacer la persona indicada. Usa un verbo de la lista. Sigue el modelo.

**Verbos:** comprometerse, despertarse, ducharse, lavarse, quejarse, reírse, relajarse, separarse, vestirse

**MODELO** Tú vas al dentista.
*Te lavas los dientes.*

1. Tú y yo vemos un programa de televisión muy cómico.

_____

2. Marta y Roberto deciden casarse.

_____

3. Tú estás cansado. Quieres mirar televisión y no hacer nada.

_____

**4.** Pepe y Jorge acaban de jugar al fútbol.

_____

**5.** Yo acabo de bañarme.

_____

**6.** El bebé está durmiendo cuando oye la música rock de los vecinos *(neighbors)*.

_____

**7.** Tú y yo estamos comiendo en un restaurante y el camarero es muy antipático.

_____

**8.** El señor y la señora Olivera se pelean mucho y están muy descontentos.

_____

**10** **¡¿Lo crees?!** Completa las siguientes oraciones con la forma correcta del verbo entre paréntesis. Luego, si no estás de acuerdo con algunas de las oraciones, ¡corrígelas y reescríbelas en las siguientes líneas!

**1.** Las mujeres _____ (bañarse) más frecuentemente que los hombres.

**2.** Las mujeres que viven en el sur del país _____ (maquillarse) más frecuentemente que las mujeres que viven en el norte.

**3.** Los hombres _____ (vestirse) mejor que las mujeres.

**4.** Los estudiantes _____ (quejarse) más que los profesores.

**5.** Los niños _____ (pelearse) más que los adultos.

**6.** Los jóvenes _____ (enamorarse) más frecuentemente que las personas mayores.

**7.** Los estudiantes dedicados _____ (acostarse) más temprano que los estudiantes mediocres.

**8.** Los vegetarianos _____ (enfermarse) más que las personas que comen carne.

Ahora, si no estás de acuerdo con unas de estas observaciones, corrígelas y escribe las oraciones nuevas aquí.

_____

_____

_____

_____

_____

_____

_____

_____

_____

_____

**11  Una historia de amor.** Usa ocho de los siguientes verbos para crear una breve historia de amor, desde el principio *(beginning)* hasta el final (¡si tiene fin!).

> **Verbos:** casarse, comprometerse, despedirse, divertirse, divorciarse, enamorarse, pelearse, quejarse, reírse, reunirse, separarse

_____

_____

_____

_____

_____

_____

_____

## Describing actions in progress: The present progressive tense

**12  La fiesta del abuelo.** La familia Bravo está celebrando el cumpleaños del abuelo. Mira el dibujo y usa los verbos indicados para escribir oraciones que describan qué está haciendo cada miembro de la familia. Sigue el modelo en la página 83.

**Verbos:** bailar, cantar, comer, hablar, maquillarse, mirar, peinarse, tocar, tomar

**MODELO** Javier

*Javier está peinándose. / Javier se está peinando.*

1. Tía Juliana

   _____

2. Remedios

   _____

3. Tío Julio y yo

   _____

4. Juanito

   _____

5. El abuelo

   _____

6. La abuela

   _____

7. Lidia y Marcos

   _____

**13** **¡Detective!** Indica qué están haciendo las personas indicadas, según la información que tienes. Usa verbos de la lista y escribe oraciones según el modelo.

**Verbos:** afeitarse, casarse, comprometerse, despedirse, divertirse, divorciarse, enamorarse, preocuparse, quejarse, reírse

**MODELO** Laura y Felipe participan en una ceremonia muy elegante y emocionante en una iglesia.
*Están casándose. / Se están casando.*

1. Tú y yo tenemos clases en edificios diferentes y tenemos que decir adiós.

   _____

2. El señor y la señora Mejillez hablan con sus abogados porque ya no quieren estar casados.

   _____

3. Mi compañero de cuarto dice que sus clases y sus profesores son terribles.

   _____

4. Tú estás en una fiesta fantástica con música buena y gente fascinante.

   _____

5. Miro una película de Will Ferrell. Es muy cómica.

   _____

6. Mis hermanos salen para una fiesta dentro de media hora.

   _____

## Estrategia: Skimming for the main idea

>> **Antes de leer**

**14 Palabras desconocidas.** In this section you are going to read the article "Mecatrónica: academias para el futuro" from the online business news site, **Estrategia & Negocios**. (Remember that you learned about majors and careers in **mecatrónica** in the **¡Explora y exprésate!** section of your textbook.) First familiarize yourself with some key unknown words from the reading by matching the phrases in Spanish with their English equivalents below.

_____ 1. ...están **apostando** a la **investigación** y a **formar** profesionales altamente calificados...

_____ 2. Esta palabra, tan **lejana** para los **legos**,...

_____ 3. ...un **papel higiénico**, una **lata de atún** o un **pañuelo descartable**...

_____ 4. **Todo lo que lleve** un proceso de automatización...

_____ 5. ...que **maneje** procesos automatizados, semiautomatizados o que **les interese hacerlo**.

_____ 6. ...**se opera** con simulaciones...

_____ 7. ...desde la orden de producción hasta la **entrega** del artículo.

_____ 8. ...se diseña un producto, **se fabrica, se almacena** y se distribuye.

_____ 9. ...excelentes estudiantes, muy **inquietos** y muy **luchones**.

_____ 10. La **apuesta** es que los estudiantes realmente **tengan** la oportunidad de experimentar...

a. . . . *they **are operated** using simulations . . .*

b. . . . *excellent students, very **eager** and very **hardworking**.*

c. . . .*they are **betting** on **research** and on the **creation** of highly qualified professionals . . .*

d. ***Everything that has** an automatized process . . .*

e. . . . *who **manages** automated or semiautomated processes or **who is interested in doing so**.*

f. . . . *from the production order to the **delivery** of the article.*

g. *This word, so **distant** for **laypersons**, . . .*

h. *The **bet** is that the students will really **have** the opportunity to experiment . . .*

i. . . . *you design a product, **you manufacture, you warehouse** and you distribute it.*

j. . . . *a roll of **toilet paper**, a **can of tuna**, or a **disposable tissue** . . .*

**15 ¿De qué se trata (*is about*) el artículo?** Review the reading strategy on page 188 of your textbook. Then, on pages 85–86, look at the three sections of the article "Mecatrónica: academias para el futuro." Read the main headline, the subheads, and the glosses at the bottom of the page. Based on this information and on the phrases you worked with in **Activity 14**, which statement do you think corresponds to the main idea of the article?

_____ 1. Dos centros de tecnología salvadoreños usan estudiantes para hacer investigaciones.

_____ 2. Dos organizaciones salvadoreñas ofrecen un nuevo programa que se relaciona con (*is related to*) la automatización tecnológica de los métodos de producción.

_____ 3. Dos organizaciones salvadoreñas usan la labor de sus estudiantes para construir nuevos centros de alta tecnología.

## >> Lectura

# Mecatrónica: academias para el futuro

**Dos centros de alta tecnología en El Salvador apuestan a la formación de profesionales altamente calificados para estudiar, practicar y pensar un país diferente.**

La Universidad Don Bosco y la Escuela Especializada en Ingeniería ITCA-Fepade están apostando a la investigación y a formar profesionales altamente calificados. Lo están haciendo a través de centros con la más alta tecnología e involucrando[1] la mecatrónica.

Esta palabra, tan lejana para los legos, es la combinación sinérgica de ingeniería, mecánica de precisión, control electrónico e informática. Es pensar y hacer sistemas para el diseño de productos y procesos. Aunque suene enorme, su aplicación, sus productos, son cosas de todos los días: un papel higiénico, una lata de atún o un pañuelo descartable.

"Todo lo que lleve un proceso de automatización", explicó Marco Lietz, coordinador empresarial de formación[2] dual de la Escuela Especializada en Ingeniería ITCA-Fepade, y uno de los responsables de pensar el futuro desde otra óptica[3].

Este centro tiene tres áreas: el Proceso de Manufactura Integrado por Computadora, iCIM Lab; el Virtual Mechatronic y el área de automatización con equipos reales[4].

En el laboratorio de Virtual Mechatronic se trabaja con software especializado para el desarrollo[5] de procesos mecatrónicos aplicables a cualquier industria de manufactura que maneje procesos automatizados, semiautomatizados o que le interese hacerlo. En el laboratorio se opera con simulaciones.

El iCIM es una planta de manufactura que incorpora también software especializado, robótica industrial, con control numérico computarizado (CNC), diseñada para uso didáctico[6] y trabajar prototipos para diferentes productos y procesos; además se administra todo el proceso desde la orden de producción hasta la entrega del artículo. Allí se diseña un producto, se fabrica, se almacena y se distribuye.

Las maquinarias con que cuenta el centro[7] son iguales a las que funcionan dentro de las empresas, pero con dimensiones menores y propósitos didácticos. Unos 1.600 alumnos de la universidad podrán formarse[8] en el centro.

El centro se armó junto a[9] un ingeniero alemán y otro tailandés. Actualmente se están capacitando[10] para certificarse 15 docentes con un profesor mexicano, también certificado por Festo y que dice que estos profesores son "excelentes estudiantes, muy inquietos y muy luchones".

Excerpted from "Mecatrónica: academias para el futuro", http://estrategiaynegocios.net/revista/Default.aspx?option=475 by Daniela Raffo. Permission granted courtesy of Grupo Estrategia & Negocios.

[1]*involving* [2]*training* [3]**desde...:** *from another point of view* [4]**equipos...:** *real-life teams* [5]*development* [6]*didactic, educational* [7]**con...:** *which the center has (counts on)* [8]**podrán...:** *will be able to do their training* [9]**se...:** *was organized together with* [10]**se...:** *they are preparing*

Festo es una empresa líder en automatización en Europa, y por política, según explica Reina Elizabeth Durán de Alvarado, vicerrectora de ciencia y tecnología de la Universidad Don Bosco, nunca certifica dos centros iguales en un mismo país. Por fortuna, El Salvador tiene dos.

## Carrera

La formación dual, como su nombre lo indica, tiene dos componentes y casi 100 años de experiencia en Alemania. Desde que ingresan a[11] la carrera de técnico en mecatrónica, que tiene una duración de dos años y medio, los alumnos del ITCA pasan dos meses en el instituto y un mes de práctica guiada en una empresa determinada. Lo hacen a lo largo de toda la carrera[12].

De los 300 postulantes[13], luego de un curso, el ITCA selecciona 60, publica las empresas con las que se trabajará y envía los currículos[14] de los postulantes. Las empresas los evalúan, los eligen y financian su carrera de principio a fin[15]. De los 60 quedan[16] 40.

## Hacia adelante

Pensar. Proyectar. Investigar. Buscar calidad.

Así conjugan e invierten en[17] la universidad Reina Elizabeth Durán de Alvarado y el Instituto de Marco Lietz. "La apuesta es que los estudiantes realmente tengan la oportunidad de experimentar con tecnología de avanzada porque eso es lo que a ellos les va a generar la diferencia en cuanto a las oportunidades en el campo laboral[18]", explicó la académica.

---

[11]**Desde...:** *Once they enroll*  [12]**Lo...** *They do it throughout their program of study*  [13]*applicants*  [14]*resumes, curriculum vitaes*
[15]**de...:** *from the beginning to the end*  [16]*remain*  [17]**Así...:** *And so they combine and invest*  [18]**campo...:** *labor force*

## >> Después de leer

**16** **¿Comprendes?** Now check your comprehension of the article by indicating whether the following statements are **cierto (C)** or **falso (F)**. Correct the false statements, going back to the article as necessary in order to find the information you need.

_____  1. La mecatrónica es una combinación de ingeniería, mecánica de precisión, control electrónico e informática.

_____

_____  2. La mecatrónica se usa *(is used)* para hacer sistemas para el diseño de productos y procesos.

_____

_____  3. Dos organizaciones salvadoreñas tienen centros de mecatrónica —la Escuela Especializada en Ingeniería ITCA-Fepade y la Reina Elizabeth Durán de Alvarado.

_____

_____  4. El centro del ITCA tiene dos áreas.

_____

_____  5. El laboratorio de Virtual Mechatronic usa simulaciones para sus operaciones.

_____

_____  6. En el iCIM los estudiantes usan software especializado y robótica industrial.

_____

_____  7. La carrera de técnico en mecatrónica tiene una duración de un año y medio.

_____

**17** **Más detalles *(details)*.** Choose the answer that best completes each sentence. Go back to the article as needed to find the necessary information.

1. El coordinador empresarial de formación dual del ITCA se llama _____.
   a. Reina Elizabeth Durán de Alvarado　　b. Marco Lietz　　c. Don Bosco

2. Dos ingenieros, uno de Alemania y otro de _____, ayudaron a crear *(helped create)* el ITCA.
   a. Tailandia　　b. El Salvador　　c. México

3. El ITCA tiene un profesor de _____ que está entrenando *(training)* a 15 docentes.
   a. Alemania　　b. Tailandia　　c. México

4. Festo es un empresa líder en automatización en _____.
   a. Centroamérica　　b. Europa　　c. México

5. El programa tiene casi _____ años de experiencia.
   a. 40　　b. 60　　c. 100

6. De los 300 estudiantes que se presentan para los puestos *(positions)*, el ITCA selecciona _____.
   a. 100　　b. 60　　c. 40

7. Las empresas financian _____ de los estudiantes del programa del ITCA.
   a. los profesores　　b. los libros　　c. la carrera

8. Los estudiantes típicos del programa son _____.
   a. muy trabajadores　　b. muy nerviosos　　c. muy ricos

## >> ¡Imagínate!

**18** Di si las siguientes oraciones son **ciertas (C)** o **falsas (F)**. Corrige las oraciones falsas.

_____ **1.** La hermana de mi madre es mi tía.

_____

_____ **2.** El padre de mi padre es mi abuelo.

_____

_____ **3.** El hijo de mis tíos es mi sobrino.

_____

_____ **4.** La madre de mi primo es mi madrastra.

_____

_____ **5.** El esposo de mi hija es mi cuñado.

_____

_____ **6.** La hija de mi hijo es mi nieto.

_____

**19** Escribe oraciones completas para describir qué hace cada persona. Usa palabras de la lista y sigue el modelo.

**MODELO**   veterinario(a)
*Un(a) veterinario(a) trabaja con los animales.*

**Actividades:** curar a los enfermos, escribir artículos, pintar, preparar la comida, reparar autos, servir la comida, supervisar a los trabajadores, trabajar con los animales

**1.** cocinero(a): _____

**2.** artista: _____

**3.** periodista: _____

**4.** mecánico: _____

**5.** médico: _____

**6.** gerente: _____

**20** Usa una de las siguientes cosas para completar las oraciones.

**Cosas:** cepillo de dientes, champú, desodorante, maquillaje, peine, rasuradora, toalla

**1.** Marcos usa una _____ para afeitarse.

**2.** Los niños usan un _____ para lavarse los dientes.

**3.** Paulina usa _____ para lavarse el pelo.

**4.** El señor Martínez usa una _____ para secarse después de la ducha.

**5.** La señora Martínez usa un _____ para arreglarse el pelo.

**6.** Tomás se pone el _____ después de ducharse.

## >> ¡Prepárate!

### Irregular-*yo* verbs in the present indicative

**21** Escribe las formas correctas de los verbos indicados para completar la narración de Roberto.

¡Yo **1.** _____ (saber) que tengo una rutina muy complicada! Si **2.** _____ (decir) la verdad, no me gusta estar tan ocupado. Cuando **3.** _____ (salir) por la mañana, tengo una lista larga de cosas que tengo que hacer. Si **4.** _____ (hacer) la mitad de ellas *(half of them)* durante el día, ¡estoy muy satisfecho! **5.** _____ (conocer) a varias personas que no tienen tantas obligaciones y **6.** _____ (ver) que ellos tienen una vida más tranquila. Quiero simplificar mi rutina. ¡Creo que **7.** _____ (poner) demasiado énfasis en las actividades!

**22** Contesta las preguntas con oraciones completas.

**1.** ¿Haces la tarea todos los días?

_____

**2.** ¿A qué hora normalmente sales de la residencia o del apartamento?

_____

**3.** ¿Sabes programar una computadora?

_____

**4.** Normalmente, ¿cuantas horas de la semana conduces en auto?

_____

**5.** ¿Conoces a una persona famosa?

_____

**6.** ¿Siempre dices la verdad *(truth)*?

_____

**23** Completa las oraciones con las formas correctas de **saber** o **conocer**. No olvides de usar la **a** personal cuando sea necesario.

**1.** Yo _____ que es necesario estudiar mucho para ser un abogado.

**2.** Tú _____ un abogado famoso, ¿verdad?

**3.** Mis amigos _____ bien las ciudades de San Salvador y Santa Ana.

**4.** Yo _____ una persona que viaja frecuentemente a Honduras para los negocios.

**5.** Mi amiga _____ mucho sobre la historia de Honduras y El Salvador.

**6.** Nosotros _____ hablar español, inglés y chino.

**7.** Usted _____ mi amiga Sandra, ¿verdad?

**8.** Yo _____ muchos países en Latinoamérica.

## Reflexive verbs

**24** Completa las oraciones con las formas correctas de los verbos reflexivos indicados.

1. Él _____ (cepillarse) el pelo antes de salir por la mañana.

2. Ella _____ (maquillarse) cuando va a una fiesta o sale por la noche.

3. Tú _____ (secarse) el pelo antes de ponerte la ropa.

4. Nosotros siempre _____ (sentarse) con la familia para comer.

5. Cuando estoy cansado, a veces _____ (dormirse) en las clases.

6. Mis hermanos _____ (pelearse) muy frecuentemente.

7. Tú _____ (enfermarse) mucho cuando estás preocupado.

8. Mis primos y yo _____ (reunirse) todos los años.

**25** Di lo que normalmente hace cada persona y lo que debe hacer hoy para cambiar la rutina. Sigue el modelo.

**MODELO** tú: acostarse a medianoche / acostarse a las diez
*Normalmente tú te acuestas a medianoche, pero hoy debes acostarte a las diez.*

1. ellos: levantarse tarde / levantarse temprano

_____

2. nosotros: preocuparse por las clases / relajarse un poco

_____

3. usted: quejarse de sus problemas / reírse de todo

_____

4. yo: vestirse muy elegantemente / ponerse ropa casual

_____

5. ella: ducharse por la mañana / bañarse por la noche

_____

6. tú: sentarse después de comer / prepararse para ir al gimnasio

_____

## The present progressive tense

**26** Toda la familia está en una celebración familiar. Completa las oraciones con las formas correctas del presente progresivo para decir lo que está haciendo cada persona.

1. Mis abuelos _____ (bailar) salsa.

2. Yo _____ (leer) un libro con mi hermanito.

3. El bebé _____ (dormir) una siesta.

4. Mis hermanos _____ (conversar) con los amigos.

5. El camarero _____ (servir) unos refrescos.

6. Tú _____ (comer) pizza con mi hermana.

7. Ustedes _____ (hablar) con mis primos.

8. ¡Nosotros _____ (divertirse) mucho!

**27** Usa un verbo de la lista para decir qué está haciendo cada una de las personas indicadas en este momento. Exprésalo de dos maneras diferentes, según el modelo.

**Verbos:** acostarse, despedirse, lavarse, maquillarse, peinarse, reírse, secarse

**MODELO** mis hermanas
*Mis hermanas se están despidiendo. / Mis hermanas están despidiéndose.*

**1.**

la actriz

_____

_____

**2.**

nosotros

_____

_____

**3.**

mis abuelos

_____

_____

**4.**

yo

_____

_____

**5.**

tú

_____

_____

**6.**

¡JA, JA, JA!

mi primo

_____

_____

# Manual de laboratorio

## capítulo preliminar 1  ¡Bienvenidos a la clase de español!

## Pronunciación

**1**  **El alfabeto.**  You will hear the names of the letters of the Spanish alphabet, followed by a word or words in Spanish that contain that letter. Listen to the speaker and repeat the letter and the word, imitating the speaker's pronunciation.

| | | |
|---|---|---|
| **a** | a | **a**miga |
| **b** | be | **b**ien |
| **c** | ce | **c**elular, **c**uarto |
| **ch** | che | **ch**aqueta |
| **d** | de | **d**ía |
| **e** | e | **e**ncantado |
| **f** | efe | **f**atal |
| **g** | ge | **g**usto, **g**enial |
| **h** | hache | **h**ombre |
| **i** | i | **i**nstructor |
| **j** | jota | **j**unio |
| **k** | ka | **k**ilómetro |
| **l** | ele | **l**ibro |
| **ll** | elle | **ll**uvia |
| **m** | eme | **m**arzo |
| **n** | ene | **n**oviembre |
| **ñ** | eñe | a**ñ**os |
| **o** | o | **o**ctubre |
| **p** | pe | **p**apel |
| **q** | cu | **q**uiero |
| **r** | erre | ta**r**ea |
| **s** | ese | **s**alón |
| **t** | te | **t**area |
| **u** | u | **u**sted |
| **v** | uve | **v**entana |
| **w** | doble uve | **W**ikipedia |
| **x** | equis | e**x**amen, Mé**x**ico |
| **y** | ye | **y**o |
| **z** | zeta | pi**z**arra |

**2** **Los números.** Listen as you hear the following numbers pronounced. Repeat each number after you hear it.

| | | | | | |
|---|---|---|---|---|---|
| 0 | 8 | 16 | 24 | 32 | 40 |
| 1 | 9 | 17 | 25 | 33 | 41 |
| 2 | 10 | 18 | 26 | 34 | 50 |
| 3 | 11 | 19 | 27 | 35 | 60 |
| 4 | 12 | 20 | 28 | 36 | 70 |
| 5 | 13 | 21 | 29 | 37 | 80 |
| 6 | 14 | 22 | 30 | 38 | 90 |
| 7 | 15 | 23 | 31 | 39 | 100 |

## capítulo 1   ¿Cómo te llamas?

## Pronunciación

**1**  **Las vocales.**  There are five vowels in Spanish, with five corresponding vowel sounds. Compare this to English, which has a long and a short vowel sound for each vowel, as well as the *schwa* or "uh" sound for unstressed syllables.

You will hear a word in English followed by a word in Spanish. Compare the vowel sound in English with the vowel sound in Spanish. Repeat the Spanish word after the speaker.

| | | |
|---|---|---|
| **a** | map | m**a**p**a** |
| **e** | Internet | Int**e**rn**e**t |
| **i** | instructor | **i**nstructor |
| **o** | computer | c**o**mputad**o**ra |
| **u** | student | est**u**diante |

Now practice the vowel sounds in Spanish by repeating each word after the speaker.

| | | | | |
|---|---|---|---|---|
| **1. a** | p**a**ra | n**a**d**a** | much**a**ch**a** | **a**venid**a** |
| **2. e** | **e**n**e**ro | ust**e**d**e**s | pr**e**s**e**ntart**e** | **e**l**e**fant**e** |
| **3. i** | **i**ns**i**sto | s**i**gn**i**f**i**ca | un**i**vers**i**dad | act**i**v**i**dad |
| **4. o** | c**o**m**o** | c**o**mpañer**o** | c**o**l**o**nia | n**o**s**o**tr**o**s |
| **5. u** | ap**u**ntes | preg**u**nta | **u**nidad | j**u**lio |

**2  Las sílabas.** All Spanish words of more than one syllable are pronounced with the stress on one of those syllables. If there are no accent marks on the word, the words are pronounced according to the following two rules.

**Rule #1.** Words that end in a vowel, **-n**, or **-s** are stressed on the next-to-last syllable. Repeat these words after the speaker.

**puer**-ta
ven-**ta**-na
pro-fe-**so**-ra

**hom**-bre
a-**pun**-tes
es-tu-**dian**-te

**cuar**-to
mu-**cha**-cho
com-pa-**ñe**-ro

**li**-bros
cua-**der**-nos
es-cri-**to**-rios

e-**xa**-men
o-**ri**-gen
i-**ma**-gen

**Rule #2.** Words that end in any consonant other than **-n** or **-s** are stressed on the last syllable. Repeat these words after the speaker.

pa-**pel**
con-**trol**
li-be-**ral**

li-ber-**tad**
ac-ti-vi-**dad**
u-ni-ver-si-**dad**

pla-**cer**
re-gu-**lar**
te-le-vi-**sor**

**3  Las sílabas acentuadas.** Listen to each word. Underline the syllable that is stressed.

1. a-ni-mal

2. com-pu-ta-do-ra

3. re-fri-ge-ra-dor

4. es-cri-to-rio

5. in-te-li-gen-cia

6. con-ver-sa-cio-nes

7. ge-ne-ral-men-te

8. ci-ber-es-pa-cio

9. In-ter-net

10. a-gri-cul-tor

**4** **Los acentos escritos.** If a multi-syllable word in Spanish does not follow the two rules of pronunciation that you just learned, that word requires a written accent to indicate where the stress should fall.

The following words break the first rule: they end in a vowel, **-n**, or **-s**, but their stress does *not* fall on the next-to-last syllable. Listen as the speaker pronounces each word. Notice the accented syllable.

mamá
electrónica
bebé
teléfono
kilómetro
menú
matemáticas
inglés
salón
dirección

The following words break the second rule: they end in a consonant other than **-n** or **-s**, but their stress does *not* fall on the last syllable. Listen as the speaker pronounces each word. Notice the accented syllable.

ángel
árbol
fútbol
álbum
dólar
azúcar
Gutiérrez
lápiz

Now, listen as the speaker reads ten different words. You will hear each word twice. First, underline the syllable that is stressed. (You may not know the meaning of the words, but don't worry about that. Simply listen for the stressed syllable.)

**MODELO**   *ar <u>ti</u> cu lo*

1. sim ple men te _____

2. di ne ral _____

3. la gri ma _____

4. par ti ci pa cion _____

5. pre li mi nar _____

6. beis bol _____

7. ci vi li za cio nes _____

8. va li dez _____

9. mar tir _____

10. vic ti ma _____

Now, go back through items 1–10 and decide if the word follows or breaks Rules 1 or 2. If it breaks either Rule 1 or 2, write the accent in the correct place in the word. (Remember, you've already underlined the stressed syllable!)

**MODELO**   *ar <u>tí</u> cu lo* (breaks rule 1, needs an accent)

# Comprensión

**5** **¿Saludo, despedida o presentación?** Listen to the following short exchanges and decide whether the main part of the conversation is a greeting, a goodbye, or an introduction. Place a check mark next to the correct response.

1. _____ saludo

   _____ despedida

   _____ presentación

2. _____ saludo

   _____ despedida

   _____ presentación

3. _____ saludo

   _____ despedida

   _____ presentación

4. _____ saludo

   _____ despedida

   _____ presentación

5. _____ saludo

   _____ despedida

   _____ presentación

**6** **¿Formal o informal?** Listen to the following exchanges and decide if the relationship between the two people is formal or informal. Place a check mark next to the correct response.

1. _____ formal

   _____ informal

2. _____ formal

   _____ informal

3. _____ formal

   _____ informal

4. _____ formal

   _____ informal

5. _____ formal

   _____ informal

**7** **Para responder.** Several people are going to speak directly to you. Write an appropriate response.

1. _____
2. _____
3. _____
4. _____
5. _____
6. _____
7. _____

**8** **Los candidatos.** You are the director of human resources at an Internet company. You will interview two candidates. As they speak to you, you must write down the information that is missing below. Listen carefully as each candidate gives you his or her pertinent information.

1. Nombre:               _Amalia Montenegro_____

   Dirección:            _____

   Número de teléfono:   _3-45-98-79_____

   Edad:                 _____

2. Nombre:               _César Zepeda_____

   Dirección:            _Calle 12, número 25_____

   Número de teléfono:   _____

   Edad:                 _____

**9** **El mensaje.** You get home and listen to your messages. A woman left a message in Spanish for someone who does not live in your household. Can you decipher what she said and what she wanted? Listen to the message as many times as you want and write the following information in Spanish.

1. Who is the person trying to reach? _____

2. What is the name of the person calling? _____

3. What is her phone number? _____

4. What's the date? _____

5. What does the person need? _____

## capítulo 2 ¿Qué te gusta hacer?

## Pronunciación

**1** **Encadenamiento** *(Linking).* Deciphering another language as it is spoken can at first seem daunting. However, there are certain patterns of pronunciation that can aid your comprehension. Linking is one of those patterns.

As the speaker reads the following phrases, notice how words link together to sound almost like one word. In Spanish pronunciation, the last letter of one word often links itself to the first letter of the next word. Listen carefully.

hablo español
amigos alemanes
tocar un instrumento

If the last letter of the first word is the same as the first letter of the next word, then they are pronounced as one slightly elongated sound. For example:

ventana abierta
amiga argentina
muchachos serios
professor Rodríguez

Since the letter **h** is silent in Spanish, the same link occurs if the vowels before and after the **h** are identical.

lo horrible
para hablar

Practice by repeating these sentences after the speaker. Imitate the speaker's linking of words.

1. Es alto.

2. Tiene el pelo negro.

3. Vive en la Avenida Alabama.

4. Le gusta visitar a amigos los domingos.

5. Voy a tomar un refresco por la tarde.

6. Varios estudiantes salvadoreños cenaron en casa.

**2** **Entonación** *(Intonation).* Intonation is the rising and falling of voice pitch. In Spanish, intonation patterns are particularly useful in distinguishing between a statement and a question. Listen to the speaker.

**Statement:** Ellos son de los Estados Unidos. ↓

**Question:** ¿Ellos son de los Estados Unidos? ↑

Listen carefully to the speaker. Based on the intonation, decide whether the following sentences are statements or questions. Then add the punctuation.

1. Soy de Bolivia

2. Son guatemaltecos

3. Les gusta escuchar música

4. Tocas la guitarra muy bien

5. Es un chico egoísta

6. Es antipático

**3** **Las preguntas.** In questions that can be answered with a *yes* or *no*, the intonation rises at the end of the question. Listen to the following *yes/no* questions.

¿Eres de México?
¿Son canadienses?
¿Vives en la Colonia del Valle?
¿Tocas la guitarra?
¿Te gusta navegar por Internet?

In information questions that use interrogative words like **¿qué?** and **¿cómo?**, the intonation falls gradually toward the end of the question. Listen to the following information questions.

¿Qué hay de nuevo?
¿Qué tal?
¿Cómo te va?
¿Cómo es?
¿Dónde vives?
¿Cuál es tu número de teléfono?

Listen to the following questions and decide whether the speaker's intonation rises or falls at the end of the question. If it rises, circle **sí / no**; if it falls, circle **palabra interrogativa**.

1. sí / no     palabra interrogativa

2. sí / no     palabra interrogativa

3. sí / no     palabra interrogativa

4. sí / no     palabra interrogativa

5. sí / no     palabra interrogativa

6. sí / no     palabra interrogativa

7. sí / no     palabra interrogativa

## Comprensión

**4** **Las actividades de los estudiantes.** Listen to the following students talk about their likes and dislikes. Based on what they say, circle the activity they would be most likely to participate in.

(**Hint:** Listen to key words and phrases that you know in order to get the gist of their meaning. Don't worry about words and phrases you don't recognize. There are enough clues in their statements for you to guess the right answer.)

1. a. escuchar música
   b. sacar fotos
   c. navegar por Internet

2. a. practicar deportes
   b. tocar el piano
   c. alquilar videos

3. a. bailar
   b. cantar
   c. pintar

4. a. mirar televisión
   b. hablar por teléfono
   c. levantar pesas

5. a. visitar a amigos
   b. navegar por Internet
   c. bailar

6. a. practicar deportes
   b. cocinar
   c. visitar a amigos

**5** **¿Cómo soy?** Listen to portions of the video descriptions that several people gave of themselves for a dating service. Write down the personality types they claim they are, then write down the opposite of that characteristic. Make sure the adjective matches the gender of the person speaking.

**MODELO**  Marcos *es paciente. No es impaciente.*

1. Delia _____.

2. Martín _____.

3. Ana _____.

4. Tomás _____.

5. Elena _____.

6. Carla _____.

**6** **El detective.** You are a detective who has composite drawings of three suspects. You have audiotaped descriptions from witnesses of two of the three suspects. Match the descriptions to the correct drawings.

1. _____

2. _____

3. _____

**7** **La aduana.** You're in line at customs in the Mexico City airport. You overhear the customs agent as he questions four passengers ahead of you. Say what nationality each passenger is.

1. _____

2. _____

3. _____

4. _____

## capítulo 3  ¿Qué clases vas a tomar?

# Pronunciación

**1  La consonante _r_ y la _rr._**  In Spanish, the consonant **r** has two pronunciations: the flap **r** and the trilled **r**.
The single letter **r** can be pronounced both as a flap **r** and as a trilled **r**, depending on its position in the word. The flap **r** sounds similar to the double **t** in the English word **_letter_**. The double letter **rr** is always pronounced as a trilled **r**, which sounds like a rolled _r_ (_r-r-r-r_).
Listen to the difference between the flap **r** sound of the first word and the trilled **rr** sound of the second word in each pair. Repeat each word after the speaker.

1. coro        corro
2. pero        perro
3. caro        carro
4. ahora       ahorra
5. cero        cerro
6. coral       corral

**2  El sonido _r._**  The single letter **r** is pronounced as a trilled **rr** when it comes at the beginning of a word or when it comes after the letters **l** or **n**. Otherwise, it is pronounced as a flap **r**.
Listen to the speaker pronounce each word. Repeat each word after the speaker. Then mark whether the **r** in that word was a flap **r** or a trilled **r**.

1. _____ flap **r**        _____ trilled **r**
2. _____ flap **r**        _____ trilled **r**
3. _____ flap **r**        _____ trilled **r**
4. _____ flap **r**        _____ trilled **r**
5. _____ flap **r**        _____ trilled **r**
6. _____ flap **r**        _____ trilled **r**
7. _____ flap **r**        _____ trilled **r**
8. _____ flap **r**        _____ trilled **r**
9. _____ flap **r**        _____ trilled **r**
10. _____ flap **r**        _____ trilled **r**

**3** **El sonido** *rr.* In Spanish, the double **r** is considered as a separate sound. It is always pronounced as a trill. Repeat the word after the speaker and then write it down.

1. _____

2. _____

3. _____

4. _____

5. _____

6. _____

7. _____

8. _____

**4** **Comparaciones.** First read the following sentences and circle each word that has an **r** in it. Then listen to the speaker read each sentence aloud. As you hear the speaker pronounce each word, write *F* for flap above the words with flap **r**'s, and *T* for trill above the words with trilled **r**'s.

1. Tengo que hacer la tarea de informática para mañana.

2. El perro corre por el parque, pero tarde o temprano, tiene que pararse.

3. Raúl toma un refresco en la residencia estudiantil.

4. Rafael ahorra su dinero para comprar un carro.

5. Cuando está aburrida, Bárbara toca la guitarra.

6. Mi compañero de cuarto repite la pregunta rápidamente.

## Comprensión

**5** **Conversaciones.** Listen to the following conversations and decide what the person speaking is studying. Circle the letter of the correct answer.

1. a. humanidades

   b. matemáticas

   c. comunicaciones

2. a. publicidad

   b. biología

   c. nutrición

3. a. baile

   b. diseño gráfico

   c. negocios

**4.** a.  ingeniería

   b.  idiomas

   c.  salud

**5.** a.  matemáticas

   b.  arte

   c.  medicina

**6**  **¿Adónde van?**  Listen to the conversation between Luis and Marta as they try to get together for coffee. Listen to their conversation and fill in the schedule below with the missing classes and/or times.

|       | lunes | martes   | miércoles | jueves    | viernes |
|-------|-------|----------|-----------|-----------|---------|
| **Luis**  |       |          |           | 11:00     | 3:00    |
|       |       | filosofía |           |           |         |
| **Marta** | 8:00  |          | 2:00      |           | 3:00    |
|       |       |          |           | ejercicio |         |

**7**  **¿A qué hora?**  You will hear four different conversations. Listen to each, and then write the number of the conversation next to the time mentioned in that conversation. **¡OJO!** There are two extra times that are not mentioned.

_____ 2:15

_____ 8:10

_____ 2:00

_____ 12:00

_____ 7:50

_____ 1:45

**8** **El profesor Peralta.** Listen as Professor Peralta gives his regular first-day-of-class speech. Write in the missing words as you listen.

Buenas tardes, estudiantes. Soy el profesor Peralta. Si ustedes (1) _____ a mi clase regularmente, (2) _____ a descubrir que la literatura española es fascinante. (3) _____ en un mundo que no aprecia la importancia de la lectura. Ustedes están en esta clase porque (4) _____ que es importante leer y escribir. Yo (5) _____ ficción en mi tiempo libre. El autor Francisco Munguía (6) _____ el acto de escribir así: «(7) _____ por la jungla de la imaginación y (8) _____ inspiración sin saber de dónde. Sí, señores, yo (9) _____ en las Musas». En esta clase, las musas son tus compañeros: ustedes (10) _____ información entre sí. Tú (11) _____ tus ideas con tu compañero y él o ella (12) _____ sus ideas contigo. De este modo, todos (13) _____ mucho más.

**9** **La entrevista.** Listen carefully to the conversation between two students. Use the first line to jot down the answer to the question shown. Then, after you have finished listening, come back and write complete Spanish sentences on the second line.

1. ¿Con quién tiene una entrevista el chico? _____

   _____

2. ¿Cuándo es la entrevista? _____

   _____

3. ¿Cuántos idiomas tienen que hablar los candidatos? _____

   _____

4. ¿Cuáles son los idiomas? _____

   _____

5. ¿Qué cursos piden *(do they ask for)*? _____

   _____

6. ¿Qué estudia el chico? _____

   _____

## capítulo 4 ¿Te interesa la tecnología?

## Pronunciación

**1  Las consonantes *c, s* y *z*.**  In Latin America, the consonant **c** (before **i** or **e**) and the consonants **s** and **z** are all pronounced like the English consonant **s** in *sick*. In Spain, the consonants **c** (before **i** or **e**) and **z** are pronounced like the *th* in the English word *thick*. Compare the pronunciation of the Latin American and the Spaniard as they pronounce the following words.

| Latin American: | Spaniard: |
|---|---|
| apli**c**ión | apli**c**ión |
| fun**c**ionar | fun**c**ionar |
| **c**ibere**s**pa**c**io | **c**ibere**s**pa**c**io |
| **c**enar | **c**enar |
| **c**errar | **c**errar |
| **s**emana | **s**emana |
| **s**onar | **s**onar |
| can**s**ado | can**s**ado |
| a**z**ul | a**z**ul |
| bu**z**ón | bu**z**ón |
| empe**z**ar | empe**z**ar |

**2  ¿Es de España o no?**  Listen to the following statements. If they are being spoken by a Spaniard, mark **sí**. If they are not being spoken by a Spaniard, mark **no**.

1. _____sí        _____no

2. _____sí        _____no

3. _____sí        _____no

4. _____sí        _____no

5. _____sí        _____no

6. _____sí        _____no

**3** **Otra vez.** Listen to the statements from **Activity 2** again. This time, fill in the missing letters as you listen to each statement.

1. ¡ Estoy furio_____o! Mi computadora no fun_____iona.

2. El _____ibere_____pa_____io es un sitio imaginario.

3. ¿Qué apli_____a_____ione_____tiene tu sistema?

4. In_____tala el programa de pro_____esamiento de textos si puede_____.

5. Mi bu_____ón electrónico_____iempre está lleno.

6. Mis colores favoritos son el a_____ ul y el gri_____.

## Comprensión

**4** **¿De qué hablan?** Escucha las conversaciones y decide de qué parte de la computadora hablan las personas. Marca **a**, **b** o **c** para indicar la respuesta correcta.

1. a. monitor
   b. cable
   c. lector de DVD

2. a. micrófono
   b. módem
   c. teclado

3. a. audífonos
   b. ratón
   c. altoparlantes

4. a. impresora
   b. ícono del programa
   c. juego interactivo

5. a. proveedor de acceso
   b. sitio web
   c. servicio de búsqueda

6. a. sitio web
   b. grupo de conversación
   c. los usuarios

**5** **¿Qué tiene en la mochila?** Escucha al estudiante describir el contenido de su mochila. Mientras escuchas, apunta el número y el color de cada cosa que menciona. Luego escribe oraciones completas según el modelo.

**MODELO**   mochila
*una, anaranjada*
*Tiene una mochila anaranjada.*

**1.** MP3 portátil: _____

_____

**2.** bolígrafo: _____

_____

**3.** lápiz: _____

_____

**4.** calculadora: _____

_____

**5.** cuaderno: _____

_____

**6.** teléfono inteligente: _____

_____

**6** **Los campos de estudio.** Amalia habla de los campos de estudio que les gustan a ella y a sus compañeros. Primero escucha y escoge el campo de estudio correcto, según los intereses de las personas. Luego escribe las oraciones con las formas correctas de los verbos entre paréntesis.

**MODELO**   a. la geografía              b. la ingeniería              c. la filosofía

a mí (gustar)
*A mí me gusta la filosofía.*

**1.** a. la economía              b. el trabajo social              c. la filosofía

a Teresa y a Laura (interesar)

_____

**2.** a. el español              b. el alemán              c. las lenguas

a nosotros (encantar)

_____

**3.** a. los negocios              b. el periodismo              c. la publicidad

a ti (fascinar)

_____

**4.** a. los idiomas              b. las ciencias políticas              c. la biología y la física

a Pablo (gustar)

_____

**5.** a. las ciencias                  b. las lenguas                   c. las matemáticas

a Óscar y a Amelia (interesar)

_____

**6.** a. las humanidades            b. los idiomas                     c. las matemáticas

a ti (gustar)

_____

**7.** a. la arquitectura              b. la administración de empresas     c. la psicología

a Marcos (interesar)

_____

**8.** a. las ciencias políticas       b. la publicidad                  c. la contabilidad

a Roberto y a mí (encantar)

_____

**7**   **Las emociones.** Los estudiantes de la clase de español describen sus emociones. Escucha sus descripciones. Escribe oraciones completas para describir cómo están. Sigue el modelo.

aburrido(a)             nervioso(a)

enfermo(a)              cansado(a)

contento(a)            seguro(a)

enojado(a)              triste

**MODELO**   *Ella está enferma.*

**1.** _____

**2.** _____

**3.** _____

**4.** _____

**5.** _____

**8**   **Generalmente.** Unos estudiantes describen varios aspectos de la vida universitaria. Escucha sus descripciones. Luego escribe el adverbio (con **-mente**) que mejor completa las siguientes oraciones.

**MODELO**   *Generalmente* estudia dos o tres horas por día.

**1.** Navega por Internet _____.

**2.** Instala el programa antivirus _____.

**3.** La profesora habla _____ en español.

**4.** _____ tiene una clase por la mañana y dos clases por la tarde.

**5.** Archiva los documentos en el disco duro _____.

**6.** Con la computadora portátil, puede hacer conexión a la red _____.

# Pronunciación

**1** **Las letras / y //.** In English, the *l* and the double *ll* sound the same. This is not true in Spanish. In most of the Spanish-speaking world, the double **ll** sounds like the *y* in *yes*.

Listen as the speaker pronounces the following words. Pay attention to the difference between the **l** sound and the double **ll** sound in Spanish. Repeat each word after the speaker.

luego
llueve
calor
calle
mochila
tortilla
talento
toalla
militar
millón

Now listen to the following words and pronounce each after the speaker. Circle **l** if the word has a single **l** and **ll** if you hear the double **ll** sound.

1. l   ll
2. l   ll
3. l   ll
4. l   ll
5. l   ll
6. l   ll
7. l   ll
8. l   ll
9. l   ll
10. l   ll

**2  La letra y.** The Spanish letter **y** sounds like the *y* in *yes* or *yellow* in most positions. However, at the end of a word, or when it is pronounced alone to mean *and*, it is pronounced like the Spanish vowel **i**. Listen to each word and pronounce it after the speaker.

**Pronounced like *yes*:**
yogur
ayer
joyería
vaya

**Pronounced like the Spanish vowel *i*:**
voy
hoy
muy
ayer y hoy
Muy bien, ¿y tú?

## Comprensión

**3  La familia de Sara.** Escucha la descripción de la familia de Sara y completa el diagrama de su familia con los nombres correctos de la lista. Luego completa las oraciones con la relación correcta.

**Nombres:**  Alberto, Amelia, David, Diego, Elena, Emiliano, Irene, Gregorio, Gustavo

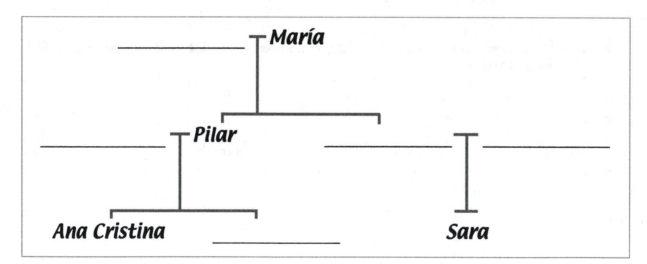

1. Gustavo es _____ de Sara.

2. María es _____ de Sara.

3. Irene es _____ de Sara.

4. David es _____ de Sara.

5. Pilar es _____ de Sara.

6. Diego es _____ de Sara.

7. Ana Cristina es _____ de Sara.

8. Emiliano es _____ de Sara.

**4** **¿Qué hacen?** Escucha a las siguientes personas mientras describen sus trabajos. En oraciones completas, nombra la profesión de cada persona. Escoge de la lista. **¡OJO!** En la mayoría de los casos, tienes que cambiar las palabras cuando se refieran a mujeres en vez de hombres.

| | | | |
|---|---|---|---|
| abogado(a) | bombero(a) | camarero(a) | dependiente |
| enfermero(a) | ingeniero(a) | mecánico(a) | médico(a) |
| peluquero(a) | periodista | policía | plomero(a) |
| profesor(a) | programador(a) | secretario(a) | veterinario(a) |

1. _____
2. _____
3. _____
4. _____
5. _____
6. _____
7. _____
8. _____
9. _____
10. _____

**5** **¿Qué está haciendo Joaquín?** Joaquín es muy metódico. Hace las mismas cosas a la misma hora todos los días. Escucha y toma apuntes mientras describe su rutina diaria. Luego, según la hora, escribe una oración que describe lo que está haciendo Joaquín en cada momento. **¡OJO!** La primera respuesta ya está escrita en la tabla. No hay respuestas para todas las horas indicadas.

**Verbos:** afeitarse, bañarse, ducharse, lavarse los dientes, peinarse, secarse el pelo, vestirse

**Hoy**

| 6:00 de la mañana | 6:15 de la mañana | 6:30 de la mañana |
|---|---|---|
| *Se está levantando. / Está levantándose.* | | |
| **6:45 de la mañana** | **7:00 de la mañana** | **7:45 de la mañana** |
| | | |
| **8:00 de la mañana** | **8:15 de la mañana** | **8:45 de la mañana** |
| | | |

**6** **Un cambio de rutina.** A Joaquín le gusta la rutina, pero mañana tiene que cambiar todas sus actividades típicas. Escucha mientras describe lo que va a estar haciendo mañana. Completa la tabla con las actividades nuevas. La primera respuesta ya está escrita. Usa los verbos indicados.

**Verbos:** afeitarse, asistir, bañarse, bailar, desayunarse, despedirse, ducharse, lavarse los dientes, levantarse, llegar, reunirse, salir, secarse el pelo, vestirse

**Mañana**

| 4:00 de la mañana | 4:15 de la mañana | 5:00 de la mañana |
|---|---|---|
| *Está levantándose. / Se está levantando.* | | |
| **6:00 de la mañana** | **11:00 de la mañana** | **12:00 (mediodía)** |
| | | |
| **1:30 de la tarde** | **5:15 de la tarde** | **9:30 de la noche** |
| | | |

# Manual de video

## capítulo 1  ¿Cómo te llamas?

## A ver: ¿Con quién hablo?

**1  Los personajes.** Look at the photos and conversations on pages 8, 10, and 13 of your textbook. Then say if the following statements are true **(cierto)** or **false (falso).**

1. Anilú y Beto hablan por teléfono.

2. Javier dice que está bastante bien.

3. Anilú le pregunta *(asks)* a Javier cómo se llama.

4. Javier no le da su número de teléfono a Anilú.

5. Beto le presenta Anilú a Javier.

**2  ¿Quién?** Say who each statement refers to: Beto, Anilú, or Javier.

1. Explica que no es Beto. _____

2. Marca el número de Beto dos veces *(two times)*. _____

3. Dice que *(he says that)* hay un problema. _____

4. Dice que Javier tiene el celular de Beto. _____

5. Está preocupado *(worried)* porque no llega Javier. _____

6. Le da *(he gives)* su celular a Javier. _____

7. Dice que tiene que irse. _____

8. Le da las gracias a Anilú. _____

**3  ¿Qué es?** Say if each sentence is **un saludo, una presentación, una respuesta, un adiós** or **información personal.**

1. Hola, Beto. ¿Cómo te va? _____

2. Bastante bien, pero… _____

3. No, ése no es mi número de teléfono. Mi número es el 371-2812. _____

4. Igualmente. _____

5. Beto, quiero presentarte a Javier de la Cruz. _____

6. Pues, entonces, ¡nos vemos! _____

# Voces de la comunidad

**4** **¿De dónde son?** Say where each person is from. Follow the model.

**MODELO**   Sandra Alvarado *es de Puerto Rico. Es puertorriqueña.*

1. Ricardo García Rojas _____.
2. Bruna Moscol _____.
3. Jéssica Artiles _____.
4. Dayramir González Vicet _____.
5. Claudio Ragazzi _____.
6. Javier Meléndez _____.
7. Alejandro Zorrilla _____.
8. Marcela Jaramillo _____.
9. Ela Quezada _____.
10. David Torres _____.

**5** **¿Cuántos años tiene?** Say how old each person is, based on the video. Write the number in words.

1. Constanza tiene _____.
2. Bruna tiene _____.
3. Juan Pedro tiene _____.
4. José tiene _____.
5. Alejandro tiene _____.
6. Dayramir tiene _____.

## capítulo 2   ¿Qué te gusta hacer?

## A ver: ¡Mentiroso!

**1** **¿Quién?** After you watch the video, say which character is being described in the following sentences: Dulce, Anilú, Beto, or Sergio.

1. No le gusta bailar y cantar. _____

2. Es mentiroso. _____

3. Estudia en la biblioteca los domingos. _____

4. No cocina. _____

5. A veces alquila videos. _____

6. Cree que *(She believes)* su amiga es aburrida. _____

7. No toca la guitarra. _____

8. Toma refrescos con sus amigos en el Jazz Café. _____

9. Dice que es un hombre activo. _____

10. Quiere el número de teléfono de Experto10. _____

**2** **Los personajes.** Look at the photos and the conversations on pages 44 and 48 of your textbook. Then complete items 1-4 with the correct words. In items 5-8, write a brief physical description of each character.

1. Dulce _____.
   **a.** tiene el pelo rubio        **b.** tiene el pelo negro        **c.** es pelirroja

2. Anilú es _____.
   **a.** joven        **b.** vieja        **c.** gorda

3. Sergio es _____.
   **a.** muy, muy pequeño        **b.** rubio        **c.** moreno

4. Beto no _____.
   **a.** es joven        **b.** es delgado        **c.** pelirrojo

5. Dulce _____

6. Anilú _____.

7. Beto _____.

8. Sergio _____.

**3** **¿Aburrido o divertido?** In your opinion, which characters have the following personality traits? Follow the model.

**MODELO**   aburrido(a), divertido(a)
*Dulce es aburrida. Anilú es divertida. Beto es aburrido. Sergio es divertido.*

1. impulsivo(a), cuidadoso(a) _____

2. serio(a), cómico(a) _____

3. mentiroso(a), sincero(a) _____

4. extrovertido(a), introvertido(a) _____

5. generoso(a), egoísta _____

## Voces de la comunidad

**4** **En mi tiempo libre.** Write the letter of each activity next to the person who says they like that activity. Notice that some people like to do the same things.

1. A Nicole le gusta _____.     **a.** bailar

2. A Inés le gusta _____.     **b.** leer

3. A Jéssica le gusta _____.     **c.** cocinar

4. A Ana María le gusta _____.     **d.** visitar a amigos

                                                  **e.** escuchar música

                                                  **f.** mirar la televisión

**5** **Soy activo(a).** Say who each statement refers to: Constanza, Nicole, Inés, Liana, Jéssica, or Ana María.

1. Según ella, es tímida.

2. Según ella, es extrovertida.

3. Según ella, es generosa.

4. Según ella, es activa.

5. Según sus amigos y familiares, es divertida.

6. Según sus amigos y familiares, es inteligente y trabajadora.

7. Según sus amigos y familiares, es responsable e impulsiva.

8. Según sus amigos y familiares, es tímida.

## capítulo 3    ¿Qué clases vas a tomar?

## A ver: *Gracias por la entrevista*

**1  Los personajes.** Look at the **Vocabulario útil** sections on pages 84, 88, and 90 of your textbook and identify the three main characters you see in the photographs. Then match the person on the left with their concern on the right.

1. _____ Chela

2. _____ camarógrafo

3. _____ Anilú

**a.** Tiene que ir a clase.

**b.** Busca información sobre la vida universitaria.

**c.** Prefiere hablar sobre los fines de semana.

**2  Las entrevistas.** Put a check by the types of questions Chela says she will be asking in her interviews.

1. _____ preguntas sobre la nacionalidad del estudiante

2. _____ preguntas sobre las clases del estudiante

3. _____ preguntas sobre la residencia estudiantil del estudiante

4. _____ preguntas sobre las características físicas del estudiante

5. _____ preguntas sobre el uso de Internet del estudiante

6. _____ preguntas sobre la personalidad del estudiante

**3  Anilú.** Say if the following statements are true (**cierto**) or false (**falso**) about Anilú.

1. Anilú dice que hablar en Internet de sus clases es interesante. _____

2. Anilú dice que tiene clase de filosofía. _____

3. Anilú dice que prefiere hablar de su tiempo libre. _____

4. Anilú dice que tiene clase de danza afrocaribeña los sábados por la tarde. _____

5. Anilú dice que corre por el parque los sábados por la mañana. _____

6. Anilú dice que le gustan más los días de entresemana que los fines de semana. _____

**4  ¿Chela o el camarógrafo?** Who said or implied the following things, Chela or the videographer?

1. Las entrevistas van a ser aburridas. _____

2. Tenemos que hacer dos entrevistas por lo menos. _____

3. Quiero hacer preguntas sobre la vida típica de un universitario. _____

4. Necesito saber qué hora es. _____

5. Por favor, espera una momento. Faltan quince minutos para tu clase. _____

6. Tengo que irme porque tengo clase ahora. _____

## Voces de la comunidad

**5** **¿Qué estudian?** Match each student with the area of study they mention.

1. Javier          **a.** ingeniería
2. Sandra        **b.** música
3. Dayramir     **c.** negocios
4. Jessica        **d.** cine *(film)*

**6** **¿Entresemana o fin de semana?** Say when the following people do the following things: **entresemana**, **fin de semana,** or both.

1. Rosi:

   visitar a la familia _____

   trabajar en casa _____

2. Javier:

   bailar _____

   visitar a los amigos _____

   no estudiar _____

3. Ela:

   trabajar _____

   visitar a la la familia _____

   ir a comer _____

4. Inés:

   leer _____

   trabajar _____

   bailar _____

5. Sandra:

   visitar a la familia y amigos _____

   ir al gimnasio _____

   estudiar _____

6. Dayramir:

   visitar a la familia _____

   bailar _____

   ver videos _____

7. Jessica:

   estudiar _____

   descansar _____

   bailar _____

**7** **¿Quiénes?** Say who does or mentions the following things.

1. ¿A quiénes les gusta bailar?

   _____

2. ¿Quiénes estudian durante la semana?

   _____

3. ¿Quiénes mencionan su familia?

   _____

4. ¿Quiénes trabajan?

   _____

## capítulo 4  ¿Te interesa la tecnología?

## A ver: ¿Te gustan los grupos de conversación?

**1** **Los personajes.** Mira las fotos y conversaciones en las páginas 122, 126 y 128 de tu texto. Luego completa las siguientes oraciones con la palabra correcta.

1. Beto pasa por muchas emociones en este episodio. En varios momentos del episodio, Beto está _____, _____ y _____.

2. La computadora de Beto no tiene suficiente _____ para abrir la aplicación.

3. Chela quiere saber *(wants to know)* si Beto tiene una _____ a colores.

4. El color de la _____ de Beto es _____.

5. Dulce tiene el _____ de Beto.

**2** **¿Quién?** Di a quién describe cada oración: Beto, Chela o Dulce.

1. Prefiere el correo electrónico a los grupos de conversación. _____

2. Dice que el bolígrafo es útil. _____

3. Encuentra *(She finds)* el asistente electrónico de Beto. _____

4. No completa el examen de literatura. _____

5. Describe su cuento trágico a su amiga. _____

6. Su dirección electrónica es Autora 14. _____

7. Siente la frustración de su amigo. _____

8. Invita a Dulce a tomar un refresco. _____

**3** **Beto.** Di si cada oración sobre Beto es **cierta (C)** o **falsa (F)**.

1. Está tranquilo. _____

2. Prefiere escribir su examen con bolígrafo. _____

3. Pierde su asistente electrónico después de la clase de literatura. _____

4. Descubre que Dulce es Autora 14. _____

5. No quiere salir con Dulce a tomar un refresco. _____

6. Tiene una computadora a colores. _____

**4** **¿Qué aparatos tienen?** Pon la letra de cada aparato junto a *(next to)* la persona que tiene ese aparato. Luego, escribe el aparato que más prefiere cada persona.

1. Juan Pedro _____
2. Patricia _____
3. Sergio _____

a. teléfono celular
b. reproductor de MP3
c. televisión
d. computadora
e. cámara digital
f. reproductor de discos compactos

**5** **Internet.** Di a quién se refiere cada oración: Juan Pedro, Patricia o Sergio.

1. Usa Skype para comunicarse con su novia española.
2. Prefiere comunicarse con sus amigos directamente.
3. No tiene tiempo durante la semana para chatear con sus amigos.
4. Piensa que Internet es aburrido.
5. Usa Internet para leer e-mails.
6. Se conecta frecuentemente durante los fines de semana.

## capítulo 5  ¿Qué tal la familia?

## A ver: ¡Pelo de bruja!

**1** **¿Cierto o falso?** Mira las fotos y el guión *(script)* en las páginas 162, 164 y 168 de tu texto para ver si puedes encontrar la información necesaria para evaluar los siguientes comentarios. Di si las oraciones son **ciertas (C)** o **falsas (F)**.

1. _____ Este segmento es sobre Anilú y su familia.

2. _____ Conocemos a *(We meet)* Roberto, el hermano de Anilú, a su papá y a su hermana Dulce.

3. _____ El papá de Anilú es abogado.

4. _____ La mamá de Anilú tiene una cámara digital.

5. _____ La mamá de Anilú dice *(says)* que Roberto necesita toalla y jabón en el baño.

6. _____ Anilú quiere hablar con su hermano.

**2** **La familia de Anilú.** Completa las oraciones con los miembros de la familia correctos.

**Familia:** abuelo(a), mamá, papá, hermano(a), hijo(a)

1. El _____ de Anilú se llama Roberto.

2. Anilú es la _____ de un arquitecto.

3. La _____ de Anilú quiere que Anilú la llame *(call her)* con más frecuencia.

4. La foto de Anilú con el pelo de bruja es del cumpleaños del _____.

5. Anilú quiere que su mamá salude a su _____ y a Roberto también.

6. Anilú quiere hablar con su _____ para darle las gracias por las fotos.

7. La mamá de Anilú dice que tiene que llevarle una toalla, el jabón y el champú a su _____.

8. Roberto le dice "pelo de bruja" a su _____.

**3** **En el baño.** Roberto acaba de llegar del partido de fútbol y necesita varias cosas en el baño. Di qué necesita según lo que dice.

1. Quiere lavarse el pelo. _____

2. Quiere ducharse. _____

3. Acaba de ducharse y necesita secarse. _____

4. Necesita lavarse los dientes. _____

5. Necesita peinarse. _____

6. No quiere sudar *(sweat)*. _____

# Voces de la comunidad

**4** **Miembros de la familia.** Empareja (*Match*) la persona con los miembros de la familia que menciona.

_____ 1. Mirna        **a.** tres hermanos y dos sobrinos

_____ 2. Aura        **b.** la mamá, tres hermanos, la esposa y tres hijos

_____ 3. José        **c.** los papás y cuatro hermanos

**5** **Las profesiones.** Di quién menciona que tiene miembros de la familia en las profesiones mencionadas.

1. _____ tiene un ingeniero en la familia.

2. _____ tiene una dueña de restaurante en la familia.

3. _____ tiene una contadora en la familia.

4. _____ tiene un trabajador de fábrica (*factory*) en la familia.

5. _____ tiene una mujer de negocios en la familia.

6. _____ tiene una abogada en la familia.

# Autoprueba
# Answer Key

# Capítulo 1: ¿Cómo te llamas?

**Actividad 22.** 1. b 2. d 3. a 4. e 5. f 6. c

**Actividad 23.** 2, 4, 1, 3, 5; informal

**Actividad 24.** *Answers will vary but should begin as indicated:* 1. Me llamo... 2. *open response* 3. Vivo en... 4. Mi número de teléfono es el... / Es el... 5. Mi dirección electrónica es... / Es... 6. *open response.*

**Actividad 25.** 1. una / la, unas / las mesas 2. un / el, unos / los libros 3. una / la, unas / las universidades 4. una / la, unas / las amigas 5. un / el, unos / los programas 6. un / el, unos / los aviones 7. una / la, unas / las costumbres 8. una / la, unas / las manos 9. una / la, unas / las personas 10. un / el, unos / los muchachos 11. un / el, unos / los días 12. una / la, unas / las naciones

**Actividad 26.** 1. la 2. un 3. los 4. la 5. X 6. X 7. las 8. el

**Actividad 27.** 1. nosotros, nosotras 2. tú 3. ellos, ellas, ustedes 4. yo 5. él, ella, usted

**Actividad 28.** 1. soy 2. es 3. es 4. son 5. son 6. eres 7. es 8. somos

**Actividad 29.** 1. Nosotras somos profesoras. 2. Yo soy dentista. 3. Ella es programadora. 4. Tú eres asistente. 5. Ellos son arquitectos. 6. Ustedes son diseñadores gráficos.

**Actividad 30.** 1. Hay una computadora en el salón de clase. 2. No hay calculadora en el salón de clase. 3. Hay cinco libros. 4. Hay tres chicos en la residencia estudiantil. 5. No hay clases mañana. 6. Hay una persona en la cafetería.

**Actividad 31.** 1. ...tienen unos libros. 2. ...tiene una computadora (portátil). 3. ...tenemos una silla. 4. ...tiene una mochila. 5. ...tengo un lápiz. 6. ...tiene un cuaderno. 7. ...tienes un MP3 portátil. 8. ...tienen un escritorio.

**Actividad 32.** 1. Tú tienes veinte años. 2. Ellos tienen cuarenta y siete años. 3. Nosotras tenemos dieciocho años. 4. Usted tiene treinta y dos años. 5. Yo tengo diecinueve años. 6. Ella tiene cincuenta y cuatro años.

**Actividad 33.** 1. Ellos tienen que abrir los libros. 2. Yo tengo que estudiar el capítulo. 3. Nosotros tenemos que escuchar el audio. 4. Tú tienes que entregar la tarea. 5. Usted tiene que escribir en el cuaderno. 6. Él tiene que leer la lección.

# Capítulo 2: ¿Qué te gusta hacer?

**Actividad 17.** 1. patinar 2. tocar el piano 3. escuchar música 4. sacar fotos 5. cocinar 6. mirar televisión

**Actividad 18.** 1. L 2. I 3. I 4. L 5. L 6. I

**Actividad 19.** 1. b 2. a 3. b 4. b

**Actividad 20.** 1. Tú tocas la guitarra todos los días. 2. Él descansa todos los días. 3. Ella mira televisión todos los días. 4. Yo compro un café todos los días. 5. Nosotros cenamos en casa todos los días. 6. Ustedes preparan la cena todos los días. 7. Ellos sacan fotos todos los días. 8. Tú y yo visitamos a amigos todos los días. 9. Tú practicas deportes todos los días. 10. Usted navega por Internet todos los días. 11. Yo paso por la universidad todos los días. 12. Ellas regresan a casa todos los días.

**Actividad 21.** 1. Yo tomo un refresco con Adela. 2. Ellos levantan pesas. 3. Nosotros tomamos el sol. 4. Ella camina a la universidad. 5. Nosotros estudiamos en la biblioteca. 6. Yo converso con mis amigos.

**Actividad 22.** 1. me 2. nos 3. les 4. te 5. le 6. le 7. les 8. le

**Actividad 23.** 1. A nosotros nos gusta pintar. 2. A ti te gusta alquilar videos. 3. A mí me gusta navegar por Internet. 4. A ella le gusta patinar. 5. A ellos les gusta levantar pesas. 6. A usted le gusta hablar por teléfono.

**Actividad 24.** *Answers will vary but should all use* **gusta** + *infinitive.*

**Actividad 25.** 1. trabajadora 2. inteligentes 3. vieja 4. cómicas 5. pelirrojo 6. negros

**Actividad 26.** 1. Yo soy alemana. 2. Ellos son costarricenses. 3. Él es estadounidense. 4. Tú eres español. 5. Ella es japonesa. 6. Ustedes son chilenas.

**Actividad 27.** 1. Tomás es inteligente y egoísta. 2. Liliana es simpática y responsable. 3. Olivia y Liliana son lindas y pacientes. 4. Tomás y Olivia son altos y delgados. 5. La clase es interesante y divertida. 6. Los libros son aburridos y viejos.

# Capítulo 3: ¿Qué clases vas a tomar?

**Actividad 24.** 1. la biología 2. el mercadeo, 3. el periodismo 4. la contabilidad 5. el diseño gráfico

**Actividad 25.** 1. La clase de historia es el martes, el catorce de abril, a las dos menos cuarto / quince de la tarde. 2. La clase de arte es el miércoles, el quince de abril, a las diez y diez de la mañana. 3. La clase de español es el jueves, el dieciséis de abril, a las tres menos diez de la tarde. 4. La clase de mercadeo es el viernes, el diecisiete de abril, a las siete y media de la mañana. 5. La clase de filosofía es el sábado, el dieciocho de abril, a las ocho y cuarto / quince de la mañana. 6. La clase de yoga es el domingo, el diecinueve de abril, a las seis y veinte de la mañana.

**Actividad 26.** 1. ¿Cuándo es la clase de diseño gráfico? 2. ¿Cuántos libros tenemos? 3. ¿Cómo es la estudiante nueva? 4. ¿Quiénes son los profesores de negocios? 5. ¿Por qué tienes que estudiar el viernes? 6. ¿Cuál es la clase más interesante que tienes?

**Actividad 27.** 1. dónde 2. Cómo 3. quién 4. Cuál 5. Cuántas 6. Cuándo 7. Cómo 8. Qué

**Actividad 28.** 1. abres 2. imprimen 3. leo 4. vive 5. comemos 6. vende

**Actividad 29.** 1. Ella corre. 2. Nosotros asistimos a (la) clase (de economía). 3. Yo imprimo (la tarea). 4. Ustedes comparten (una pizza). 5. Tú bebes (agua). 6. Él abre la ventana.

**Actividad 30.** 1. tus 2. sus 3. nuestros 4. su 5. mis 6. su 7. su 8. nuestra

**Actividad 31.** 1. Son mis cuadernos. 2. Es su marcador. 3. Son tus apuntes. 4. Es nuestra tarea. 5. Son sus sillas. 6. Es su mochila.

**Actividad 32.** 1. voy 2. vamos 3. va 4. van 5. vas

**Actividad 33.** *Answers will vary but should use the forms of **ir** indicated:* 1. voy 2. vamos 3. voy 4. van 5. voy 6. va

# Capítulo 4: ¿Te interesa la tecnología?

**Actividad 22.** 1. c 2. d 3. a 4. e 5. f 6. b

**Actividad 23.** 1. Ella está nerviosa. 2. Ella está enferma. 3. Ella está cansada. 4. Ella está ocupada.

**Actividad 24.** 1. rojo, verde, amarillo, anaranjado 2. verde 3. amarillo 4. roja, blanca, rosa / rosada, amarilla, anaranjada 5. morada 6. café / marrón 7. negra 8. gris

**Actividad 25.** 1. A ti te interesa la computadora portátil. 2. A ellos les encantan las cámaras (digitales). 3. A mí me molestan los audífonos. 4. A ella le gusta la tableta. 5. A usted le encanta hablar por teléfono. 6. A nosotros nos molesta correr. 7. A él le importa cocinar. 8. A ustedes les gusta mirar televisión.

**Actividad 26.** 1. Yo estoy contento(a). 2. Nosotros estamos aburridos. 3. Ella está enojada. 4. Ustedes están ocupadas. 5. Tú estás seguro. 6. Usted está triste. 7. Él está nervioso. 8. Tú y yo estamos furiosos(as).

**Actividad 27.** 1. Yo estoy en la cafetería. 2. Ellos están en el centro de computación. 3. Nosotras estamos en la librería. 4. Tú estás en la biblioteca. 5. Ella está en el gimnasio. 6. Usted está en la residencia estudiantil.

**Actividad 28.** 1. está 2. están 3. es, Es 4. es 5. Son 6. soy, es 7. es 8. está 9. somos 10. es

**Actividad 29.** 1. cierra 2. podemos 3. pide 4. queremos 5. siento 6. duermen 7. entiendes 8. jugamos

**Actividad 30.** 1. Yo pienso que la clase de programación es divertida. 2. Nosotros queremos usar la memoria flash para descargar el proyecto. 3. Tú entiendes la explicación del profesor. 4. Ellos vuelven esta noche para trabajar en el proyecto. 5. Rogelio y yo sentimos mucha tristeza hoy. 6. Usted prefiere empezar el proyecto mañana.

**Actividad 31.** *Table:* rápidamente, lentamente, frecuentemente, fácilmente, difícilmente, generalmente 1. rápidamente 2. fácilmente 3. frecuentemente 4. Generalmente

# Capítulo 5: ¿Qué tal la familia?

**Actividad 18.** 1. C 2. C 3. F, El hijo de mis tíos es mi primo. 4. F, La madre de mi primo es mi tía. 5. F, El esposo de mi hija es mi yerno. 6. F, La hija de mi hijo es mi nieta.

**Actividad 19.** 1. Un(a) cocinero(a) prepara la comida. 2. Un(a) artista pinta. 3. Un(a) periodista escribe artículos. 4. Un(a) mecánico(a) repara autos. 5. Un(a) médico(a) cura a los enfermos. 6. Un(a) gerente supervisa a los trabajadores.

**Actividad 20.** 1. rasuradora 2. cepillo de dientes 3. champú 4. toalla 5. peine 6. desordorante

**Actividad 21.** 1. sé 2. digo 3. salgo 4. hago 5. Conozco 6. veo 7. pongo

**Actividad 22.** *Answers will vary, but should include the following verb forms:* hago, salgo, sé, conduzco, conozco, digo.

**Actividad 23.** 1. sé 2. conoces a 3. conocen 4. conozco a 5. sabe 6. sabemos 7. conoce a 8. conozco

**Actividad 24.** 1. se cepilla 2. se maquilla 3. te secas 4. nos sentamos 5. me duermo 6. se pelean 7. te enfermas 8. nos reunimos

**Actividad 25.** 1. Normalmente ellos se levantan tarde, pero hoy deben levantarse temprano. 2. Normalmente nosotros nos preocupamos por las clases, pero hoy debemos relajarnos un poco. 3. Normalmente usted se queja de sus problemas, pero hoy debe reírse de todo. 4. Normalmente yo me visto muy elegantemente, pero hoy debo ponerme ropa casual. 5. Normalmente ella se ducha por la mañana, pero hoy debe bañarse por la noche. 6. Normalmentes tú te sientas después de comer, pero hoy debes preparate para ir al gimnasio.

**Actividad 26.** 1. están bailando 2. estoy leyendo 3. está durmiendo 4. están conversando 5. está sirviendo 6. estás comiendo 7. están hablando 8. nos estamos diviertiendo / estamos divirtiéndonos

**Actividad 27.** 1. La actriz se está maquillando. / La actriz está maquillándose. 2. Nosotros nos estamos peinando. / Nosotros estamos peinándonos. 3. Mis abuelos se están acostando. / Mis abuelos están acostándose. 4. Yo me estoy secando el pelo. / Estoy secándome el pelo. 5. Tú te estás lavando el pelo. / Tú estás lavándote el pelo. 6. Mi primo se está riendo. / Mi primo está riéndose.